오늘부터 제대로, 금융 공부

给青少年的金融课

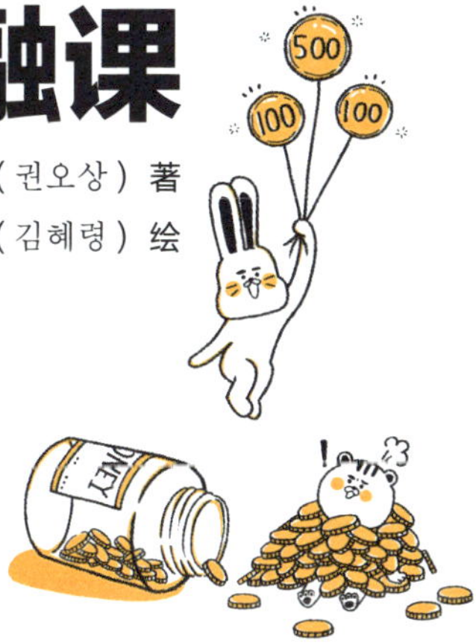

[韩] 权五相（권오상）著

[韩] 金慧妗（김혜령）绘

杨慧妍 译

中国经济出版社
CHINA ECONOMIC PUBLISHING HOUSE

· 北 京 ·

The simplified Chinese translation is published by China Economic Publishing House Ltd. Co. in 2020, by arrangement with Changbi Publishers, Inc. through Rightol Media in Chengdu.

本书中文简体版权经由锐拓传媒取得 (copyright@rightol.com)。

图书在版编目（CIP）数据

给青少年的金融课 /（韩）权五相著；（韩）金慧妗绘；杨慧妍译 . -- 北京 : 中国经济出版社 , 2020.8 (2024.1重印)
ISBN 978 - 7 - 5136 - 6198 - 0

Ⅰ. ①给⋯ Ⅱ. ①权⋯ ②金⋯ ③杨⋯ Ⅲ. ①金融学 – 青少年读物 Ⅳ. ① F830–49

中国版本图书馆 CIP 数据核字（2020）第 101071 号

北京市版权局著作权合同登记图字：01–2020–2798 号

责任编辑 耿 园
责任印制 巢新强
封面设计 任燕飞设计室

出版发行 中国经济出版社
印 刷 者 北京科信印刷有限公司
经 销 者 各地新华书店
开 本 787mm × 1092mm 1/32
印 张 8.625
字 数 110 千字
版 次 2020 年 8 月第 1 版
印 次 2024 年 1 月第 2 次
定 价 42.00 元

中国经济出版社 **网址** www.economyph.com **社址** 北京市东城区安定门外大街 58 号 **邮编** 100011
本版图书如存在印装质量问题，请与本社销售中心联系调换（联系电话：010–57512564）

谨以此书献给我心爱的两个儿子利俊和书俊。

前言

各位青少年朋友们，大家好！从现在开始，我要和大家分享金钱和金融的故事。我想，估计不会有人讨厌金钱吧？大家从爸爸妈妈那里拿到很多零花钱时，心情都会十分愉快吧？小时候的我，只要一临近春节，心就开始扑通扑通地跳。长大一岁已然令人开心，但一想到能拿到压岁钱，我就提前开始心花怒放了。我可以用这笔钱买点小零食，甚至是自己梦寐以求的物品。

我觉得这里应该没有不知道金钱是什么的朋友，倒是有相当一部分人被问到金融是什么时，就会一脸茫然。大家可以一起思考下面这个例子是不是金融。假设你想购买一款新手机，这算不算金融呢？没错，这也是金融。因为如果你现在手头上的钱不够，就买不了这款手机。能跟钱扯上关系的，就是金融。尽管你手中的钱够买去年的款式，但显然会感到遗憾，而你又不愿等到生日时从爷爷奶奶那儿拿到零花钱再买。要不换种做法，你跑去说服爸爸妈妈，先跟他们借钱去买。又或者，为了省钱，你决定将旧手机一直用下去。这所有的一切，都是金融。

如果是我的话，我会将金融定义为“所有能用钱处理的事情”。无论是跟别人借钱，还是借钱给别人，抑或是赚钱、投资、攒钱、花钱，这些都属于金融的范畴。同样，开通银行存款账户，或者用月薪来补贴生活费，也都是金融的一部分，买彩票自然也算。

当然，这世上也有一些不属于金融的事情，比如学习，比如和朋友们一起玩耍。这些就不是金融。但这些事情里也隐藏着你看不见的另一面。表面上看，这些事情与金融毫不相干，但最终却有不少能和金钱挂上钩。就拿学习这件事来说，也有可能演变成“要怎么凑够去补习班的钱”这样的问题；和朋友一起出去玩，也要思考“去哪里买些什么东西来吃”。因此我们的生活其实和金融有着密不可分的关系。

由于金融是可以使用金钱处理的所有事和物，那么，要想彻底了解金融，就需要先认识一下金钱。在你们看来，金钱是什么呢？或许大部分青少年朋友们会给出“不就是 1 万韩元纸币或 100 韩元硬币吗”这样的回答。确实如此，纸币和硬币毫无疑问就是金钱，而且是大家最熟悉的金钱。但纸币和硬币可不是金钱的全部。世界上还存在着比它们更大、更重要的钱，大家能猜到是什么吗？

我和大家差不多年纪的时候，也是一无所知。当时的我只是简单地认为，钱当然是越多越好。对我而言，能与金钱搭上边的事都十分神秘，大概只有那些学经济或工商管理的人才会懂。这也是因为，包括学校老师在内的所有人，都不曾教过我与金钱有关的知识。最近青少年朋友遇到的情况估计也和当时的我十分相似。大家都会在社科类科目中接触到经济和金融，但如果让你直接对金钱作一番解释，估计大家都没什么自信吧？

有一种说法是那些喜欢数学或科学的理科生们都难以理解金钱。但事实却正好相反。喜欢和数字打交道，意味着更容易理解金钱。因此我希望理科生们不要因为经济、金融这两个学科属于社会科学而避之唯恐不及。

我将在这本书里说一说和金钱有关的各种故事，但不会是教科书里那种硬邦邦的无趣故事。我将采用问答的形式来讲解，我会先抛出不懂金融的人最容易想到的问题，再针对这些问题进行解答。提问的人自然是阅读本书的你们，而回答这些疑问的人，当然就是我了！

我也会和大家一起做所谓的“思想实验”。大家都十分清楚什么是实验吧？打个比方，你制作了一个新玩意儿，很好奇它掉在地上时是否会裂开。这个时候你会怎么做呢？当然是让它直接掉落一下试试，对吧？这就是实验。不进行实验，就很难真正了解某些事物。

同理，为了了解金钱，我们自然也需要做实验，但总不可能将散落在世界各个角落的金钱直接拿过来做实验。不用怕，我们还有其他方法，那就是在我们脑海里进行虚拟实验，即通过思考来进行实验，也称为“思想实验”。虽然一般多用“思考实验”这样的表达，但为避免误会，我决定在这本书里采用“思想实验”的说法。

我之所以选择用问答的形式来写这本书，也是希望大家能够养成提问的好习惯。“懂得提问”远远胜过“懂得回答”，因为和金钱有关的疑问并非都有正确答案。如果都存在正确答案的话，世界上就不会出现因为金钱而引发的问题了，不是吗？但正如大家所了解到的那样，现实并非如此。这世上还有不少人因为金钱活得十分痛苦。

因此，我希望大家在阅读这本书的时候，在感叹“原来如此”之余，还能思考一下“这是为什么”。这些思考，无论是源于本书的提问，还是这本书里没有出现的新问题，都没关系。能对某件事提出质疑，是一件十分重要的事。

如果做好了充分的心理准备，那么何不和我一起，正式开启趣味的金钱故事之旅呢？

目录

第一章

懂的人才会懂的金钱本质

第二章

管好钱之前，你需要知道的几件事

第三章

金融市场上的投资和投机

第四章

既是解药又是毒药的金钱和金融

第一章

懂的人才会懂的金钱本质

从前金银为什么能被当作货币来使用？

大家听说过金和银是贵金属吧？这个世界上有不少人提出，应该把贵金属，特别是金子当成货币。这也相当于主张非金属制成的货币都是假的（他们甚至十分讨厌银，哪怕它也是贵金属的一种）。过去一段时间，金银曾被当作货币来使用，但现在情况不一样了，将金子当作货币已经不太现实。尽管如此，我还是想跟大家分享一下以金银作为货币的那个时代发生的故事，因为这能帮助大家理解到底什么是金钱。

以前的人将贵金属制成硬币作为货币来使用，公元前古希腊雅典用金银做成硬币就是一个典型的例子。金银属于比较柔软的金属，人们能够按照自己想要的样子进行简单的加工。另外，金银只存在于一部分矿山中，因此相比铜铁开采量少。就像“贵金属”这个名字所体现出来的一样，金银是非常稀罕的金属，既不容易腐烂，也不容易生锈。

正因为金银具备了这些特征，人们十分乐意将金或银做成装饰品来打扮自己。由于想要获得贵金属的人很多，于是用贵金属来交换其他物品也成为一种可能。所谓的其他物品，自然是指粮食、家畜、工具、布料等日常生活必需品。也就是说，贵金属自带了能够购买某些东西的功能。

综上，金钱最大的功能就是获取其他物品。人们将物品的所有权转让出去，就能够欣然收到一笔钱作为回报。打个比方，我肚子饿，然后去了餐厅。如果要吃那里的食物，我就得交钱。于是餐厅老板提供的食物和我的钱进行了交换。也就是说，食物和金钱来了一场交换。

餐厅老板在将自己的食物交给我的同时收到了一笔钱，也是同样的道理。与其说金钱本身有用，还不如说是花钱有用。只有花了钱，才能获得其他物品。也就是说，如果钱无法和某些物品进行交换，那么钱也不再是钱了。大家千万要记住“正是具备了能和其他物品进行交换的功能，金钱才产生了意义”这个观点。

以前数钱的时候会称重，不管金子是被做成了圆圆的硬币，还是乱七八糟的一团，都和零食店卖巧克力或糖果时用秤称是一个道理，钱越重，代表钱越多。

现在使用的货币单位大多来源于称重的单位。英国的货币单位——英镑，正是一个极具代表性的例子。圣经《新约》里出现的“塔兰同”这个货币单位，源于罗马时期的拉丁语“塔伦特”，塔伦特原先正是用于称重的单位。如今，大部分欧洲国家都统一使用欧元作为货币单位，但在这之前，每个国家的货币单位各不相同。在这些国家中，意大利的货币单位是里拉。里拉有“秤”的含义，也就是说，里拉这个货币单位诞生于用秤测量钱的重量的过程中。

我相信大家不难理解前面的内容。简要概括一下，这世上有着被人类认可其价值的贵金属，同时贵金属可以用来购买生活必需品，因此贵金属自然而然成了货币。现在也一样，如果将手头的金条或银块出卖的话，也能够得到一大笔钱。

贵金属成了货币，也就意味着，拿到了金银就算是赚到了钱。拥有一个金矿，钱也就源源不断了。因此，曾经有一个时期，一个国家持有多少金子成为判断这个国家是否富裕的标准。这正是因为金子就是货币。

如果金钱的故事到这里就结束了，那就没什么好烦恼的了。但这里出现了一个问题，我给你讲个相关的历史故事吧。你应该知道因为斗牛和弗拉门戈舞而出名的国度——西班牙吧？西班牙人在公元后很长一段时间内受伊斯兰教国家的统治，从 8 世纪到 15 世纪后半期，他们开展了光复国家的独立运动，最终将伊斯兰教徒驱逐了出去。在这个过程中，西班牙的力量也变得强大起来。

于是西班牙的国力延伸到了海洋的另一端。当时印度作为盛产金子和香料的国度，在欧洲赫赫有名，因此西班牙在财政上支援了那些要去印度开拓新航线的探险家们。谁知结果有点出乎意料，探险家们没有抵达印度，却发现了美洲新大陆。大家熟知的克里斯托弗·哥伦布虽是意大利的热那亚人，却有幸因为西班牙女王提供的船和船员，得以在 1492 年 10 月抵达中美洲东海岸的西印度群岛。首次到达美洲大陆的亚美瑞格·韦斯普奇虽然是意大利佛罗伦萨人，但他引领的也是西班牙船队。

以武力镇压原住民的西班牙在美洲建立了大规模的殖民地，在这个过程中，阿兹特克、印加、玛雅等王国相继灭亡。西班牙人使用的手段都差不多。所谓的“西班牙征服者”，即使拥有火神枪和大炮，也不过只是少数而已，他们并没有能力战胜有着强大兵力还能够发动全面战争的原住民国家。因此，他们采用的方法是，假装好意地接近国王，再生擒国王作为俘虏。举例来说，当皮萨罗活捉印加帝国皇帝阿塔瓦尔帕时，皮萨罗拥有的兵力充其量也不过是 110 名步兵、67 名骑兵、3 把火绳枪和 2 门大炮而已。

西班牙的目标是印加帝国和阿兹特克帝国的贵金属。这些帝国拥有数不胜数的金银。皮萨罗生擒阿塔瓦尔帕后，和他谈好了“要用金填满一个房间，再用银填满两个房间”的条件，还规定好了房间的大小：长约 7 米，宽约 5 米，高度至少 2 米。尽管阿塔瓦尔帕没费多少力气就完成了皮萨罗的要求，但皮萨罗却食言了，不久后就处死了阿塔瓦尔帕。

通过这种方式，西班牙征服者们将掠夺来的金银装上船，得意扬扬地回到了西班牙。1500 年到 1509 年的 10 年间，西班牙从美洲大陆掠取的金子有 5 吨左右。鉴于自 1490 年起的 10 年间整个欧洲的黄金开采量还不足 6 吨，这个量已经称得上巨大了。西班牙从美洲大陆搜刮的黄金越来越多，16 世纪 40 年代掠走了大概 25 吨，50 年代则足足带走了 43 吨黄金。另外，征服者们在 16 世纪 40 年代开采了两处规模巨大的银矿，总共将超过 2700 吨的银运回了西班牙。

那么西班牙人用这些抢夺过来的金银做了什么呢？有一部分被制作成了装饰品。如果你去过西班牙塞维利亚大教堂，你就能切身体会到西班牙人当时掠夺的黄金之多了。大教堂内部到处都是黄金做成的装饰，使用的黄金足足超过 1.5 吨，绝对能让你瞪大双眼。2009 年，韩国银行的黄金持有量大概有 14 吨，两相对比，你就会发现那数量有多么惊人。

从美洲大陆掠夺来的金银席卷了整个西班牙，大部分西班牙人因此拥有了比之前多得多的钱。结果怎样呢？钱变多了，所有人的日子都比之前更好了吗？结果并不是这样，反倒是物价开始暴涨。1500 年到 1600 年，西班牙的物价上涨了 3 倍以上。而这之前的 1400 年到

1500 年，物价下降了 15%，差别也太大了吧。

事情还远未结束，西班牙开始被称作“欧洲的印度”，也就是说，西班牙瞬间变成了又一个印度。印度成为英国的殖民地后，所有的好东西都被英国抢走了。尽管西班牙没有像印度一样成为其他国家的殖民地，但在“好东西都被抢走了”这一点上却差不多。手里的钱多了之后，西班牙人再也不愿意努力工作，只想继续享受奢靡的生活。当在美洲大陆掠夺来的金银消耗殆尽，1588 年，西班牙所谓的“无敌舰队”尽管在数量上占据上风，但是依然不敌英国舰队，西班牙从此进入无止境的衰退期。

钱不是
越多越好吗？

前面提到的16世纪西班牙的故事，从历史的角度证明，金银之类的钱太多并不一定是好事。但依然有不少人摇头，反对“钱太多反倒成了问题”这个说法，那就让我们通过思想实验来了解下其中的原因吧。

首先你得在脑海里想象一下有这样一个国度。如果将每件事都考虑周全的话，就太过复杂了，那就想象那里只生活着两个人吧。第一个人是捕鱼的渔夫，第二个人是制作渔网的技工。两个人彼此都被对方所需要，因为少了技工制作的渔网，渔夫就捕不到鱼；而少了渔夫捕的鱼，技工肯定会被饿死。两个人一个织渔网，一个捕鱼，过得十分幸福，不至于因为没有吃的饿肚子。

但突然有一天，这个国度出现了第三个人。他带来了钱，也就是说，他带来了金币。于是第三个人对渔夫说，他会把金币给渔夫，希望他把鱼卖给自己，而且因为金币价值高，所以他想要很多条鱼。但渔夫有点不情愿，金币虽然看上去不错，却没什么实用价值，渔夫觉得自己有鱼和渔网就足够了。

第三个人也对技工提出了相同的请求：他想用金币买下渔网。可是技工也同样不情愿，他需要的只是鱼而已，而想要获得鱼的话，他只需要把自己制作的渔网给渔夫，因此拿了金币也没什么用处。

这时我想抛给你们一个问题。如果第三个人带来的金币数量发生了变化，那情况会跟着改变吗？答案是并不会。如果用金币不能获得有用的物品，那么无论金币是只有 10 枚还是有好几袋，结果都是一样的。

换句话说，无论作为货币的贵金属数量有多少，如果无法保证拿它们能换来有用的物品，那这些贵金属就和路上滚来滚去的小石块没什么区别。也就是说，在一个社会中，有用之物的数量不会因这个社会里货币的多少而发生任何变化。

因此我希望大家能记住一件事：货币本身不存在价值，只有当它能与其他物品进行交换时才有意义。

假设渔夫把第三个人带来的金币当作货币收了下来。收下了金币，也就意味着渔夫愿意拿自己捕获的鱼来换钱。假设 1 枚金币可以换 1 条鱼。如果第三个人原先带来的是 10 枚金币，那么他现在则拥有 9 枚金币和 1 条鱼。

一开始，渔夫觉得有趣，拿了 1 枚金币，换给他 1 条鱼。但后来，他不再觉得这块闪闪发光的小石块有什么神奇的地方，也对它提不起任何兴致。因此当第三个人再拿着 1 枚金币来换鱼时，他拒绝了，因为派不上用场。第三个人因为肚子饿，只好说自己愿意多给一些金币。尽管不清楚一条鱼值 2 枚金币还是 3 枚金币，但长此以往，第三个人会把他带来的金币全部花光。

那如果第三个人带来的金币不是 10 枚，而是 1000 枚呢？拥有的金币越多，用于交换一条鱼的金币数量也会越多。打个比方，一条鱼很可能要用 100 枚金币来换。如果第三个人带来了 1 万枚金币，那一条鱼值 1000 枚金币貌似也不是完全不可能的事。

这是什么意思呢？金币越多，物价就越容易上涨。换句话说，一个国家内部货币越来越多，物价就只能无止境地增长。反之，货币紧缺，物价就必然会下跌。用来交换物品的货币少了，物价也就自然往下降了。

那么我们来比较一下一条鱼卖 1 枚金币和卖 100 枚金币这两种情况。站在渔夫的立场上看，一条鱼卖 100 枚金币，对他来说是不是更好？乍一想，确实如此。但如果思考得再深一点，你就会恍然大悟：真实情况不一定就是这样。

求你了！就给我一条鱼吧！
我不需要闪闪发光的小石块！
NO NO

卖一条鱼，拿到相当于原来的100倍的金币，容易让人产生一种成为富豪的感觉。但这其实取决于第三个人原先带来的金币是10枚还是1000枚。无论是哪一种情况，也只能换到1条鱼。没有其他东西发生了变化，只有价格平白无故地上涨了而已。

因此，表面上看，钱多并不一定就是好事，国家如此，个人也如此。拥有的钱的数量并不重要，这笔钱在所有钱里占的分量是多少、用这笔钱能做些什么才重要得多。

从某个层面上讲，钱太多也会成为一些问题的根本原因，特别是从整个国家的角度来看，更是如此。16世纪西班牙的经历就是最好的证据，关键是这件事还不止发生了一次。

为什么是国家在创造货币？

讲到这儿，我想再给你们抛出一个问题：是谁在创造货币？按照前面讲的西班牙那种情况，那些从矿山里直接开采金银的人，就是创造货币的人了吧？在把贵金属当货币使用的年代，也真有人为了寻找金子聚集到某个地方，美国西部的加利福尼亚州（下文简称“加州”）正是因为黄金才诞生的。加州的别名“金州”就告诉了我们一切。

一直到19世纪40年代，加州也不过是一个只有1.5万人的蛮荒之地，但就在1848年，有人在加州首府萨克拉门托附近的河边发现了金子。河中的沙子过滤后，居然出现了大量沙金。这在美国全境传开来，追求一夜暴富的人纷纷涌进加州。这种现象被称为“淘金热”。

特别是在1849年这一年，大约有10万人从美国东部和世界各地到这里寻找黄金。人数相当多，以至于这些人被特别称作“49淘金者”。今天，以旧金山为大本营，昵称为“旧金山49人队”的美式橄榄球队，名字里也包含着1849年涌入的淘金者的意思。因为淘金热，加州的人口迅速增长，在1850年升级为美国的一个州。1851年，加州的黄金产量达到了85吨左右，换算成当时的美元，约是5700万美元。这比同年美国联邦预算的4800万美元还多。但是沙金迅速枯竭，因此1853年，大部分黄金猎人以穷光蛋的姿态离开了加州。

在加州开采黄金，难道就不存在任何问题吗？怎么可能！为追逐黄金而蜂拥而至的人群，往好了说是探险家，往坏了说就是投机分子。再往坏里讲，他们中有不少人还是无家可归的流浪汉或者不法分子。对他们而言，枪先于法。“荒野西部”这种话不是贸然出现的。这些人开采出来的大量黄金，显然发展成了更严重的社会问题。当时，因为挖掘出来的黄金，美国全境经受了一场难以承受的灾难，把物价上升、地价暴涨等16世纪西班牙经历过的事，又原封不动地“体验”了一遍。

不以正道赚钱而是直接创造货币的人，成了社会的大麻烦。大家可以回忆一下之前的那个思想实验。第三个人带来的金币的数量，并没有对鱼和渔网的产量造成任何影响，只是改变了价格。货币的数量增多，只有物价会狂涨。加州的黄金猎人也是一样的道理。他们自认为开采黄金就等同于赚钱，但实际上只是无端增加了整个社会中的货币数量。

人们并非不了解这种弊端。大家都知道，将贵金属当成货币来使用，一旦遇上矿山开采或国外流入，货币就会突然增多，成为大问题。同时，人们也领悟到，要想解决这个问题，得将非贵金属类的东西定为货币，或者由国家出面来管控货币总量。

在国家试图管理货币总量的过程中，硬币和纸币正式投入生产。硬币是用比金银更常见也更便宜的原材料——铜制作而成的。1792年，在美国议会决议下设立的美国造币厂垄断了美国国内使用的硬币的制造权，而美国造币厂也在1873年被并入财政部，成为财政部的一个部门。

贵金属货币和硬币，虽然长相上差不多，但在特点上却有很大的差异。贵金属能被认可为货币，主要是因为金银在市场上多以昂贵的价格被贩卖。换句话说，是因为金币或银币自身存在价值。而硬币恰恰相反，硬币的价值和作为原材料的铜本身的价值毫不相干。举例来说，美国的1美分硬币由纯度很高的铜制造而成，如果铜的价格不断上涨，那硬币的材料费会比1美分还高。只要赚钱的机会一出现，一些美国对冲基金就会像鲨鱼一样猛冲上来，大量囤收1美分硬币。尽管这种行为在当时是非法的，但他们想的是，等机会来了，就可以将这些囤货进行倒卖了。韩国也有过拿 10 韩元硬币干这种事的人。你问他们最后怎样了？当然是进了监狱，这完全就是违法行为。

硬币能被当作货币来使用，是因为国家强制性地将硬币指定为了货币。我前面介绍过，美国造币厂垄断了硬币的制造权。也就是说，那个仿造硬币当作货币的时代已经一去不复返了。如果有谁胆敢这样做，美国政府就会派出财务部搜查官或警察将其逮捕。决定何种东西能够成为货币的权力，就这样归国家所有了。

纸币则更加赤裸裸地展现了国家在货币上的力量。硬币还算有铜的材料费在，而纸张的价格近乎为零。不就是在纸片上或多或少地写上数字，宣称“以后这就是货币”就可以了吗？大家现在用的纸币事实上就是如此。美国的造币厂和印钞厂是独立存在的。印钞厂也归财政部管辖，有趣的是，它的网址是“moneyfactory.gov”，意思就是货币工厂。

前面讲的是我们日常生活中拥有的货币到底是由谁创造的。以前人们将贵金属作为货币，出现了难以调节货币总量的问题。这个问题的解决方案，最终变成了国家将负责并制造的纸币和硬币指定为正式的货币。这就是我们目前生活的这个世界的制度。

这个制度就没有任何问题吗？其实，也很难说现在的制度就是十全十美的。打个比方，如果国家轻易发行太多纸币，货币的数量会大量增加，最终一片狼藉，再次演变成16世纪的西班牙或19世纪的美国，对吧？但是如果能制定调控货币数量的制度性举措，这也并非无法解决的问题。

小猪存钱罐和银行有什么区别？

说起银行，大家会先想到什么呢？大概会想起储蓄或存款吧？这是因为大家小时候多少都听过把银行存款作为一种储蓄方式的故事。

常见的存款方式有两种，一种是使用小猪存钱罐，另一种则是去银行开通存款账户。将纸币或硬币放进存钱罐，就能够将钱攒起来。只要小猪存钱罐不被偷走，存在里面的钱就不会消失。但同时，除非摔破存钱罐，中途也无法将钱取出。等到小猪存钱罐被塞满的那一天，你会发现里面已经存了好多钱了。

反之，去银行存款倒是麻烦些。首先，我要带上能够证明本人身份的证件和印章去银行，填完必需资料后，再拿出要存进去的钱。过一会儿，银行职员就会给我一本存折。打开存折，我可以看到我存进去的钱被记录成了一个数字。如果将来又有了要储蓄的钱，我可以再去银行，用同样的方法进行存款即可。在银行储蓄存款有一点和小猪存钱罐不同，那就是你随时可以取出其中的一部分。虽然跑银行有些辛苦，但几乎不存在丢钱的烦恼，因此人们经常采用这种方式来存款。

小猪存钱罐和银行存款，还有其他不同点吗？最大的不同，莫过于小猪存钱罐里的金额一直保持不变，而银行存款则会产生一点利息。实际上，银行存款的利息非常少。如果是那种随时可以取用的活期存款，以 2017 年的标准来看，100 万韩元存上一年，会产生 1000 韩元左右的利息；如果是一年的定期存款，则利息大约是 1 万韩元。尽管如此，比起什么都没有，有一点利息也是挺好的。

那小猪存钱罐和银行存款相比，除了都是储蓄的手段之外，还有什么共同点吗？是的，还有一个。就是二者的名字翻译成英文，都包含一个叫“bank”的单词。bank 就是“银行”。小猪存钱罐的英语是“piggy bank”，piggy 是英语文化圈的孩子们对小猪的可爱称呼，因此如果将英语直译，就是“小猪银行”了。

大家是不是十分好奇为什么是猪？最开始的存钱罐，其实没有“猪”的意思。在中世纪，英国人把钱放进罐子里，因为用罐子来保管和取用金币最为方便，作为存钱罐恰到好处。但是在制作罐子的过程中会用到一种名为“pygg”的黏土。将钱存放在 pygg 做成的罐子里的习惯一直延续了下来。到了 18 世纪左右，存钱罐的名字就变成了“pygg bank”，之后就被亲切地叫作“piggy bank”了。

如果仔细了解过，你会发现，英语单词 bank 的词源同样有趣。这个词源于意大利语中的“桌子”和德语中的“长凳”。原先的 bank 丝毫没有和钱有关的含义，那为什么现

以后来我这吧。
哎呀，只有
这么点吗?
你不就放了
这些嘛!
BANK
瞧瞧!
1000

在 bank 又多了银行的含义呢？原因在于，以前，从事高利贷的犹太人习惯在面前放张桌子，自己坐在长凳上，给别人换钱和借钱。简单来说，就是桌子和长凳进一步延伸成了 bank。

形容破产状态的英语单词 bankrupt，也和 bank 的词源不无关系。当时，放高利贷的人在高利贷者那里寄存了钱却收不回来的事情时有发生，也就是上当受骗了。存钱的主人无法抑制火气，搬起桌子摔了个粉碎，因此带有“破碎”含义的意大利语 rotta 和 bank 一结合，就成了 bankrupt。

话已至此，不如我们也来聊一聊为什么韩国会使用“银行”这个词。以前我们用的多是金币，叫“金行”岂不是更合适？其实我们之所以不用“金”而用“银”字，是因为这个词来源于中国。在古代中国，使用银钱更为普遍。“银行”这个词也是在 19 世纪太平天国运动时期被创造出来的。

不过了解之后，我们会发现，韩语里银行

的“行”读作“xíng”，其实发音是错误的。正确的发音应该是“háng”。同样的汉字，作为动词，表达“行走”的意思时，应该读作“xíng”；但作为名词，表达“行列”或“商店”的意思时，应该读作“háng”。如果说前者的例证是“行进”的话，那后者则有“行列”作为例子。汉语里的“银行”读作“yín háng”，就是“银（钱）商店”的意思；但在韩国，我们误解为了“银走来走去（进进出出）”，所以就读成了“yín xíng”。

贷款利率为什么高于存款利率？

前面简单提到过，现如今，世界各国的银行存款利率都相当低，韩国自然也不例外。2018 年，定期存款一年，只会产生约 1.5% 的利息。也就是说，存 10 万韩元，一年过后会有 1500 韩元的利息。以前利率高的时候，年利率能达到 10%，即使无法达到那个程度，一般来说，也会有 3% ~ 5% 的年利率，不过 2008 年世界金融危机之后，银行存款利率就一直在降低，直到现在。

存款利率变低会发生什么呢？最直接的应

该是存款产生的利息变少了，这是热爱存款的人最不愿意看到的。尽管不工作、仅靠存款利息生活的人并不多，但确实也有这样的人，他们一般被称作“食利者”。存款利率越低，单纯靠利息过日子就越难，只能不停地提取存款本金，最终连本金也会见底。

同时，也会有人不愿意继续存钱。他们原以为只要把钱存进银行，利息就会满满当当地积累起来。越是这样想的人，遇到利率降低，就越发不想存钱，因为总有种吃亏的感觉。他们会想，反正利息也没有多少，还不如把手头上的钱都花掉。最终的结果是，比起之前，人们减少存款的可能性会有所提高。

尽管如此，那为什么还要维持年利率接近0的存款利率呢？主要有两个原因。

第一个原因，按照国家的说法，是希望国民放弃存钱这一做法。你可能会说：“放弃存钱，这像话吗？”当然，国家不会直截了当地对你说“现在开始就别存钱了”，而是会换一种方式委婉地让你这样做。打个比方，国家会说："我们应该多消费。"经济不景气的时候让你多花钱，和说整个国家的存款实在太多了，"你能帮忙花点钱吗"，没什么两样。

存钱是个人能够攒下钱的最基本的方式。人们存钱是为了对抗未来的不确定性，也为了享有不被周边环境操控的经济自由。一个人如果无法从父母那里继承到一笔巨额遗产，那再不存钱，是没办法攒下钱的。正因如此，当国家出面让你不要存款，把攒下的钱花了，听起来就好像发生了一些可疑的事。

日本正是一个最好的例子，这种事情，日本人已经经历了20多年。20世纪90年代初期，日本遭遇了经济危机，因此日本银行将年利率降到了0左右。那日本人停止存款，开始乱花钱了吗？绝对没有。当然，几乎没有利息总不是一件令人高兴的事，但是抱着"唉，不管了，我要将手头的钱用光，死了拉倒"这样想法的人几乎不存在。正常日本人的反应是："将来说不定会发生什么事，现在手头的钱更要省着用了。"20多年过去了，现在他们的做法也是一样。因此前面所说的第一个原因，听起来似乎有点道理，但在现实生活中是行不通的。

第二个原因，则是银行希望人们多贷款。不知道你现在是不是觉得有点莫名其妙？贷款指的是银行将钱借出的行为。无论是个人还是公司，如果向银行借钱，那么要偿还的就不只是本金，还有利息，尽管不一定都是这样。存款利率低的时候，贷款利率也会相应降低。银行正是想让人们以为要偿还的贷款利息变少了，钱变得好借了，换句话说，银行就是想让人们多欠点债。

为什么想让人们欠债呢？表面上看，这和第一个原因是相似的，经济不景气，所以降低贷款利率，让你多借钱去消费，让你多花点钱。但这样借来的钱，之后可能会成问题。不管贷款利息多不多，本金总归是要还的。正常人不大可能仅因贷款利率低就去借钱消费。因此，大家可能会意识到，第二个原因也脱离了原先的意图，在现实中也不大行得通。

之前简单提到过，银行的利率分为存款利率和贷款利率。这两者是不一样的，那它们中哪个更高呢？

自然是贷款利率。因为只有这样，银行才有可能赚到钱。银行将钱借出去，就是想凭借贷款利率赚钱。不过银行要想把钱借出去，首先得把钱借回来。也就是说，借走的钱并不是银行之前持有的钱，银行是先把钱借回来，再把钱借出去。

那么银行是怎么把钱借回来的呢？存款，就是银行借钱的方式。银行将钱借过来，并支付存款利息作为回报。在银行看来，存款利息就是一笔支出的费用。因此 100 韩元的钱，银行会按年利率 1% 的存款利率支付利息，再以年利率 6% 的贷款利率将 100 韩元借出去。两个利率之间相差的 5%，就是银行获得的利润，也就是人们说的“存贷差额”，即存款利率和贷款利率之间的差额。

银行的存款利率和贷款利率，到底是由谁规定的呢？大家容易认为是国家定的，因为前面提到过国家出面诱导国民停止存款。不过正确答案却是“这是由银行定的”。尤其是贷款利率的制定，连国家都无法插手。

近些年的存款利率实在太低，甚至出现了负利率。欧元区国家、瑞典、丹麦、瑞士和日本等国就是如此。比如，瑞典的年利率比 −1% 还要低。利率为负，也就意味着，你把钱交给银行，不仅拿不到利息，还要付给银行利息。换种说法，今天你存了 1 万韩元，将来去取回这笔钱的时候，你拿到的只能是比 1 万韩元还少的钱。那么年利率为 0 时行不通的那两个理由，等到利率变成负数时就说得通了吗？回想迄今为止的种种情形，好像也没什么成效。

仔细想一想，哪怕存款年利率为 0，存钱的必要性也不会消失，因为拿利息并不是存钱的理由。存款利率变成负数的话，那可以不把钱存进银行，而是把钱堆在家里。无论选择哪种方式，首先要做的事，应该是不花钱，省着花，才能攒下钱。利息只不过是在攒下的本金基础上多出来的一小部分罢了。从这点上看，声称存款的必要性会随着存款利率的变化而消失的那一小撮经济学家，他们的主张跟现实是完全脱轨的。

银行贷款扮演了什么角色？

多数人都认为银行是存钱的地方吧？其实，存款只不过是银行这枚硬币的一面而已。如果这枚硬币没有贷款作为另一面，估计存款也会失去立足之地。银行借出去的钱，几乎大部分是通过存款借回来的钱，也就是说，所谓贷款，就是将借来的钱再借出去。某些情况下，银行借出的可能是根本不存在的钱。这时候的银行，和靠贩卖平壤大同江水来赚钱的凤伊金先达[1]看上去没什么两样。

那么存款和贷款，哪一项行为更接近银行的本质呢？如果非要从中选一个，那肯定是贷款了。存款的角色是帮忙保管人们的钱，从社会的整体层面上看，它更接近某些人应当出面负责的公共服务。相反，贷款才是维持当代金融制度的关键。银行的贷款就好比金融制度上的呼吸机，如果把它摘下来，金融制度将瞬间停止呼吸。银行的本质就是将钱借出去。

大家看新闻的时候，应该经常会看到“向市场投放资金”这类表达，电视新闻上也经常给观众展示机器印钞的场面。但真正重要的钱并不是那个。比纸币或硬币还重要的钱，正是银行的贷款。在第二章我会给大家作更详细的讲述，这里先简单提一下信用。其实贷款和信用是一个道理。贷款是产生信用的行为，因此当我们表达通过贷款而产生的钱时，会使用

---

① 《风伊金先达》为2016年在韩国上映的韩国古装喜剧电影，根据韩国民间古典小说改编。以朝鲜时代为背景，讲述了时代巨骗金先达一伙人巧卖没有主人的大同江水的故事。——编者注

嗯，那我得去贷点款，补充下生产设备了。
听说要向市场投放资金。
松鼠 CEO

“信用货币”这样的表述。

大家一起来思考一下为什么贷款也是货币。我如果去银行借钱，会发生什么呢？肯定是下面这两种情况中的一种。一是我以现金的形式拿到了借来的钱。拿到的现金越多，市场上流通的钱也就越多。二是我把借来的钱存进了银行的存款账户，这些钱我随时都可以用现金的方式获取，其实和借回现金是一样的。

也就是说，“向市场投放资金”意味着使银行贷款增多。尤其是通过降低贷款利率，能够诱导更多的人去借款。前面也提到过，正常人是不会仅因贷款利率低就跑去借钱消费的，因此政府为了让人们多贷款而降低贷款利率，在现实生活中是行不通的。不过就算这样，也依然有人选择去贷款。随着贷款金额的上升，市场上流通的钱又再次实现增长。如果不有效地管理这些增加的货币，前面说过的西班牙或加州的惨剧只会重演。像金子那样的实物货币有着固定的总量，管理起来容易得多，而银行贷款产生的信用货币，总量几乎无穷无尽。因此，几乎所有和钱有关的问题，都和银行脱不了干系。

并非只有银行才能借钱给别人。朋友之间不也可以互相借来借去嘛。另外，非银行的保险公司、证券公司等金融公司，也有借款业务，还有专门做贷款的私人借贷公司。但是从社会整体上看，银行的贷款金额最大，也最具决定性。这也是为什么提及贷款时，我们会最先想到银行。

出借钱财收取利息的高利贷者，比银行出现得早得多。公元前18世纪古巴比伦王国的汉穆拉比法典，就有出借银钱收取利息的记载。一部分人看到之后，不由感叹："高利贷者真是人类历史上第二古老的天然职业。"他们心目中历史最悠久的职业，应该是和性有关的职业吧。这时，你们想没想过，其实并不能用"自古以来就存在"的借口来美化所有事物？

高利贷者留给我们的印象，就是那些利用处境艰难的人不劳而获的缺德商人。莎士比亚的喜剧《威尼斯商人》里的夏洛克、陀思妥耶夫斯基的小说《罪与罚》里的当铺老太婆就是例证。韩国高丽时期称“高利贷”为“对半利”，比如借十斗粮食，偿还的时候要多还三到五斗。因此对半利也是引发周期性暴乱和暴动的原因之一。

但并非所有人都认为支付贷款利息是理所当然的。亚里士多德曾经发表过这样的言论：“牛能生崽，因此将借来的牛生的牛犊还给牛主人是正当的。但钱无法生钱，因此借钱给他人并收取利息是不对的。”想想金银确保无法自动变多这一点，这句话也是有一定道理的。天主教神父托马斯·阿奎那写过：“利息本身不公正，会导致违反正义的不平等结果。”圣经里也有多个章节明确指出“勿收利息”。

韩国银行、普通银行和储蓄银行有什么区别？

前面已经了解过银行的本质了。可是名字里面带有“银行”二字的机构有很多，大家经常听到的就有韩国银行、普通银行、储蓄银行等。

这些银行之间有共同点，也有不同点。坦白地说，韩国银行的员工可能会因为韩国银行被拿去和普通银行或储蓄银行作比较而情绪低落。普通银行的员工也会认为储蓄银行根本算不上银行。在这些银行之间，明显有一种不像等级的等级存在着。

韩国银行垄断了在韩国国内发行韩元纸币和硬币的权力。与此相关的是，独立存在一部《韩国银行法》的法律，而造币公社只不过是代替韩国银行帮忙制作纸币和硬币罢了。

像韩国银行这样能发行货币的地方，我们称之为“中央银行”。每个国家都有一个中央银行，这是一种特殊的银行，如日本有日本银行，英国有英国银行，中国有中国人民银行。另外，法、德等诸多欧洲国家，共同使用一种特殊的货币，即欧元。制造欧元的欧洲中央银行不属于某个单独的国家，而是归属于欧盟。

普通银行是大家最熟悉的银行，能够办理存款账户，也可以使用银行卡取款。韩国国民银行、新韩银行、韩亚银行和友利银行就是这种类型的银行。韩国农协银行这类从合作社里分离出来的银行，也属于普通银行。普通银行又叫“商业银行”，意思就是人们存款、借款的银行。这些商业银行就是通过贷款来释放信用货币的主力军。

储蓄银行又叫互惠信用社，在美国也称之

为存贷合作社。这些银行的业务和商业银行没有什么特别大的区别，也是从个人手中接受存款，再将这些存款通过贷款业务释放出去，并利用存款利率和贷款利率之间的差额来获得收益。但是储蓄银行的规模会小许多，因此风险也会比商业银行高一些，也就是说，它们倒闭的可能性更大。20 世纪 80 年代，美国存贷合作社接二连三地破产，引发了巨大的问题。

这里有必要详细讲一下美国存贷合作社崩溃的故事。这个故事要追溯到 20 世纪 20 年代。当时的银行依然可以随心所欲地规定存款利率，因此，为了多拿到存款，银行之间开始了提高利率的竞争。小规模银行居然挂出了更高的存款利率。那么，要想获得利润，应该怎么做呢？当然是以更高的贷款利率将钱借出去了！但是明知需要支付高昂贷款利息还要借钱的公司或个人，怎么看都不太正常。借钱的时候口口声声承诺会归还，后来却不了了之的情况显然更为普遍。但是银行不分青红皂白，随随便便就将钱借给了那些最不该出借的对象。

最终，那些人无法正常还贷，整个国家的经济制度也跟着垮掉了，这就是1929年爆发的“大萧条”。为了应对经济危机，美国规定了存款利率的上限。为避免这类事情反复出现，美国国会和联邦政府以法律的形式规定了存款利率不能超过某个限度。

但是在1980年，在共和党的罗纳德·里根成为美国总统后，他撤销了全部规定，同时还打出“金融市场自由化”的旗号。他是这么主张的：无论存款利率多高，有实力的银行总能具备充分的能力去辨别哪些公司能承受比存款利率还高的贷款利率。他还引用了经济学教科书理论——“市场竞争能带来最佳结果”。人们自然欣喜若狂，他们能获得更高的存款利率，不是正好吗？因此最开始，大家看上去都十分幸福。

不过，从一开始就有一个非常严重的问题。存贷合作社属于小规模的区域性银行，原先的主要业务是办理住宅用途的房地产抵押贷款，也就是房子或土地担保下的借款业务。但因为竞争的关系，提高存款利率之后，单纯依靠原先的住宅型房地产抵押贷款获取的贷款利息，并没有办法实现收支平衡，也就是发生了存款利率高于贷款利率的所谓“存贷利率倒挂”现象。这种状态一旦持续下去，存贷合作社将耗尽手头上的所有资本，陷入破产的困境。

存贷合作社不能放任破产的发生，它们将视线转向了更危险的贷款——商用房地产抵押贷款，以相当高的利率，将钱借给了岌岌可危的公司。但最后，因为没能收回这些借出去的钱，很多存贷合作社都破产了。在存贷合作社存款的个人也因此遭受了巨额财产损失。

对于那些想通过存款来保管财产的人来说，安全显然比存款利率重要得多。从这个层面上看，储蓄银行显然不是能让人完全安心的地方。

那么中央银行和商业银行，哪个更让人放心呢？当然非中央银行莫属了。只要国家还在，中央银行就不可能倒闭，而商业银行则有可能倒闭。一遇到金融危机，商业银行也会相继倒下。

或许你在想："那把钱存进更安全的中央银行岂不是更好？"很遗憾地告诉你，这不大可行，因为中央银行不接受个人存款，即使你想存，也存不进去。中央银行只接受来自商业银行的存款，因此也被称为"银行的银行"。

实际上，中央银行并不一定要称作"银行"。在美国，担任中央银行这个角色的机构是美国联邦储备系统，这个名称里没有"银行"。在新加坡，新加坡金融管理局行使中央银行的职能，通过这个名字也可以知道这个机构隶属于新加坡政府，其中同样没有"银行"二字。发行货币、接受商业银行的存款，承担这些职责的主体并非银行，而是国家。

物价指数依据什么标准制定？

现在我决定给大家讲讲和物价有关的故事。物价指的是物品的价格。我们为了生活，在各个领域都需要不同的物品，既要穿衣，又要吃饭，还需要用来睡觉的房子。不仅如此，我们还需要支付公共交通或者开私家车的交通费，使用电话和网络也会产生通信费，去学校或补习班也要支付教育费用。

各种物品的价格既有可能上涨，也有可能下降，比如地铁费用涨了的同时牛奶的价格却降了。要将这些变化一一拿出来细讲比较困难，因此姑且认为有一个装满这些必需品的篮子，我们来一起看一下这个篮子的价格是怎么变化的。假设去年篮子的价格为 100，今年篮子的价格变为 104，这就意味着在一年的时间里，物价上涨了 4%。国家会周期性地公布物价指数的变化率，采用“同比上升了多少个百分点”这样的说法。

物价指数有好几种，取决于以何种物品为对象。打个比方，农产品物价指数体现的就是农产品的价格。在多个物价指数中，最引人注目的莫过于消费者物价指数（CPI）了。是不是经常会听别人提到“数字和现实还是有点差距”或“这和我感受到的物价对不上”？那为什么公布的消费者物价指数会和现实生活中的感受不一样呢？要回答这个问题，首先你得知道消费者物价指数是怎么制定的。

消费者物价指数由数百种物品的价格共同构成，每项物品都有固定的权重。越是人们看重的物品，权重就越大。比方说，在韩国，酒以外的食品饮料的权重占到约 14%，交通费则占到约 11%，和大家没有直接关系的烟酒的权重只刚好超出 1%。就这样，不管重不重要，只要是人们购买的物品都包含在消费者物价指数的篮子里。

刚刚说过食品饮料的权重大约占到 14%，这里面包括了 100 个以上的品类，从大米到蔬菜、肉类、鱼类、水果、牛奶、果汁等。各个品类所占权重的平均数不会超过 0.1%，这也是官方公布的消费者物价指数的变化和人们感受到的物价变化不太一致的原因。

给大家举例说明，假设牛肉的价格上升了 20 个百分点，原本就很贵的牛肉一涨价，人们去市场就很难痛快地购买。如果必须要买，就会给生活造成一定的负担，消费者自然会感受到“物价上涨了不少”。

不过若是对消费者物价指数进行一番计算，会发现此时的涨幅也才 0.02% 而已。牛肉的权重就是前面所说的平均值 0.1%。在权重是 0.1% 的基础上，乘以牛肉价格的上涨率 20%，得出的结果就是 0.02%（0.1% × 0.2%=0.02%）。

因此你会发现，无论实际去超市购买物品时感受到的物价涨幅有多夸张，官方公布的消费者物价指数依然没有什么变化。

消费者物价指数篮子中的品类会周期性发生变化。随着时间的推移，被当成生活必需品的物品自然也会有所变化。以韩国为例，1995年，比萨和移动话费首次成为物价指数里的一个品类。换句话说，1995年以前，无论比萨的价格怎么变，对消费者物价指数的影响均为0。反过来，当人们认为某些物品不再重要时，也会相应地把它从篮子里去除掉。举个例子，2005年，洗碗机和光盘被从品类里剔除了，2010年，包括净水器和金戒指在内的21个品类也被移除了。去掉光盘还好理解，去掉净水器还是让人有点诧异。你们估计也在好奇为什么金戒指一开始会在里面。

每个品类自带的权重也会周期性发生变动。比如移动话费在1995年刚被纳入的时候，权重大约是0.2%，到了2000年就上升到了约2.4%，因为人们花在手机上的钱变多了。

消费者物价指数
牛奶
Milk
NO!
你不可以！
我现在不是必需品了……
净水器

因为消费者物价指数里含有太多品类，所以经常会被指责真实度有所下降。制定并公布这个指数的一方多少会感觉有点委屈，他们可能会抗议生活必需品又不止一两样，这个指数也只是把超过一定标准的品类都包含进来的结果。但是像前面用数字展示的那样，品类越多，消费者物价指数上升得就越慢。这也是人们难以相信官方没有故意降低数字的意图的原因。

实际上，也存在比消费者物价指数包含品类更少的物价指数。被称为“菜篮子价格指数”的生活物价指数（LPI），就是一个典型的例子。韩国的生活物价指数里大约有 150 个品类，一般而言，生活物价指数的上升率比消费者物价指数高出 1% 以上，更接近人们实际感受到的物价上升率。

也有从完全不同的角度出发的物价指数，被称为“核心消费价格指数”（核心 CPI）。通常而言，核心消费价格指数去除了消费者物价指数品类里的农产品和燃油。这其中的缘由也颇为有趣：因为农产品和燃油的价格过于多变。去除了碍眼的品类，核心消费价格指数的上升也就变缓了。它比消费者物价指数显示出来的数字要低得多，低的时候刚超过 1%，高的时候也只有 4% 左右。但是人们活在世上，不可能不吃农产品，也不可能不开车。和钱有关的统计指标里，确实也有不少类似这种只看自己想看的、自私自利式的指标。

消费者物价指数遭到批判的最根本原因，或许就在和房子有关的费用上。实际上，很多人为房子的问题伤透了脑筋。很多人因为全税[①]或月租的价格上升，最终只能负债或取消储蓄。同时，房价暴涨，拥有一个属于自己的家也变得更难。人们感受到的物价中，和房子有关的费用占了很大的比重。实际上，在美国的消费者物价指数中，居住费用的权重远超

① 在韩国，“全税”是租户向房东交纳一定的保证金额，在一定时间内租用其房产的方法，租期结束后，最初交纳的金额将如数返还，不产生租金。“全税”保证金一般为房屋买卖价格的 70% 左右，有些热门地区会达到 80% ~ 90%。——编者注

30%。不过韩国的消费者物价指数中，居住费用的权重仅比10%多一点。韩国的消费者物价指数中的居住费用只包含了全税和月租的价格，并没有考虑到公寓这类住宅的价格变动，因此居住费用的权重与美国相比，低了很多。

不考虑住宅价格变动的理由也相当有趣。因为韩国的公寓更近似投机工具，如果将公寓价格包括进去，消费者物价指数会受到过多的影响。但也不能因为这个，就把公寓价格的变动从消费者的生活中去除，所以这也算得上是一种掩耳盗铃的行为。

为什么
物价会上涨？

物价极为重要，因为它拥有左右大多数人生活的力量。月薪原地打转，而物价疯狂上涨，会发生什么呢？以前享受过的东西，现在再也没法享受了，每周一次的外出就餐可能要锐减到每月一次，天天去的补习班也要改为每周一次，最后可能都要操心吃饭问题了。

回顾历史，可以看出物价整体上是呈上升趋势的，但也不是持续不断地上升。上升的速度太快、幅度太夸张，曾多次引发社会问题。

有时候，某些国家也会经历物价维持不变或有所下降的时期。因此物价上涨绝非想当然之事。

那么我们来做一个关于物价上涨的思想实验吧。要想一遍消费者物价指数中的所有品类并不容易，因此让我们来想象一个和下文描述一致的虚拟世界。

在这个世界里，唯一重要的东西只有草莓。人们只愿意吃草莓，没有其他食物可以替代草莓。同时，生活在这里的任何人都可以栽种草莓。一个人努力工作，就能比别人收获更多的草莓，如果有草莓剩下，还可以再卖给别人。当然也有这样一群人，他们没有亲自栽种草莓，而从事其他工作，并用赚来的钱买草莓吃。人们心里唯一看重的只有草莓，这个世界也挺像我们生活的世界的。

好，现在大家来思考一下：在哪种情况下草莓的价格会上涨？第一种情况可能是草莓的生产量下降了。草莓稀缺，人们愿意付更多的钱来购买草莓，因此价格肯定会上涨。第二种情况可能是相较以往，人们想要得到更多的草莓。在草莓总量不变的前提下，想买草莓的人越多，草莓的价格就越往上走。这也是经济学教科书里经常假定的情形。

当然，即使是在不同于虚拟世界的现实世界里，草莓的价格也会因为同样的理由有所上涨。不过我们现在想做的是了解整体的消费者物价指数是如何上升的，因此这里所说的草莓指的就是我们日常生活中的所有基本生活必需品。

我们要购买的物品数量不足，会导致生活必需品的价格上涨吗？想想每个商店里堆积如山的各类商品，这个理由好像不太现实。如果我们突然需要更多的物品，生活必需品的价格会上涨吗？我们确实有可能突然需要某些物品，但也不会一下子想把更多的物品据为己有。也就是说，这两点在理论上都成立，却好像算不上现实生活中物价上涨的原因。

那么草莓价格上涨的真正理由是什么呢？答案是货币总量增多。草莓总量没有太大变化，人们想要的草莓总量也没什么变化，但是货币量增多，草莓的价格只能上涨，哪怕其他东西完全不变。相反，货币量减少，草莓的价格就会下跌。

也就是说，物价上涨的最大原因，就是一个国家内部的货币总量增多了。货币量变多，既有可能是因为现金增加，更有可能是因为信用货币，即银行的贷款增加了。物价上涨还意味着钱的价值有所下跌，也被称为“贬值”。

“通货膨胀”在英语中叫“inflation”。大家别一提到英语就产生畏惧心理。inflation 的动词原形是 inflate，带有“膨胀”的意思，因此把 inflation 理解为金钱膨胀、物价上涨即可。这不是只有经济学家才能理解和用到的单词，即使不用这种有难度的词汇，物价有没有上涨，所有人都是知道的。

不少经济学家把物价下跌这件事看得十分严重，连物价维持不变也会被他们当作问题。但在普通人看来，物价下跌却是一件令人开心的事。在手头上的钱和赚的钱保持不变的情况下，如果物价保持不变或者下跌，生活的负担就有所减轻。不过还有另外一群人，他们和经济学家一样不乐意看到物价下跌，拥有公司的资本家就是典型的例子，因为物品的价格下降，公司的利润也会随之降低。

物价下跌有多种原因。首先，货币总量下降，物价就有可能下跌，这是前面说过的。物品增多，物价也会下跌，因此我们生活的工业社会总是煞费苦心地想要制作更多的物品。21世纪美国消费者实际上就是这种好处的享受者，当时号称“世界工厂”的中国以便宜的价格生产了很多商品，物价因此下降。

无论出于哪种理由，绝对没有一个国家会放任物价上涨。尤其是货币总量增多导致的物价上涨，会让依靠工资生活的上班族和依靠退休金生活的退休人士十分为难，也会让普通人试图通过储蓄或年金来应对未来不确定性的所有努力，在一瞬间化为乌有。这种行为，称得上是不带刀的强盗行径。

为什么其他国家的货币在韩国无法使用？

韩国的货币单位是韩元，日本的是日元，中国的是元，美国的则是美元。除了共用欧元的欧元区各国以外，每个国家都会使用具有本国特色的货币。

为什么每个国家的货币都不一样呢？先作一个初步的回答。前面说过，货币是由国家规定的，除去欧元区成员国共用欧元这类特殊情况，难以想象不同的国家使用相同的货币。国家一旦实现独立，就会先规定好货币。倘若没有规定好的货币，在一个国家内部就找不到可做之事了。如果连货币都无法随心所欲地制定，那根本算不上是一个国家。

然而，有不少人会因为各个国家使用不同的货币而感到不方便，特别是去海外旅行的时候，更容易产生这种感觉。去美国时要兑换美元，去欧洲时要兑换欧元。即使同在欧洲，要去像丹麦、瑞士、挪威等不用欧元的国家，也要带上那个国家的货币，真是费神又烦人呀！

当然在国外，也可以用信用卡来替代现金。韩国制作的信用卡，基本上都可以在国外使用。但在国外，也有很多商店不能刷信用卡，这时如果身上一点外国货币都没带，很容易狼狈不堪。

如果韩国的货币在外国可以直接使用，会如何呢？肯定会很方便吧。我们不需要兑换外国货币，直接使用国内的纸币和硬币即可。然而，反过来，如果外国人来韩国，不用韩元，而是拿出自己国家的纸币来用，又会发生什么事情呢？

打个比方，餐厅的饭卖 1 万韩元，俄罗斯人拿出了100卢布。首先，我们不知道100卢布能兑换成多少韩元；其次，即使收下这些卢布，也很难再拿到其他地方使用。如果近期没有打算去俄罗斯旅游，那就失去了收下这些卢布的理由。

如果收到的钱不是卢布，而是美元，又会怎样呢？用美元的地方很多，也可以直接存进银行，因此如果收下，也能派上用场。从个体的层面看，用韩元还是用美元没多大差别。收下的美元只要不瞬间变成废纸，别人也愿意收下，因此韩国人使用美元来取代韩元，或者将美元和韩元放在一起使用的意愿是很强的。

但从国家的层面看，这是无法容忍的。如果能直接用美元在韩国国内买东西，那相当于让美元和韩元成为竞争对手。一旦美元的使用比韩元更频繁，那么韩国国内就会只剩美元在流通，而韩元会逐步消失。

这又是为什么呢？让我们假设美元和韩元在韩国同时被当作官方货币来使用。韩元的总量由韩国银行掌控。钱的总量太多或太少都会成为问题。尤其是当利用贷款来赚钱的商业银行使韩元过分增多的时候，物价会出现极具破坏性的暴涨。这将极大地威胁到国家权力，因此韩国银行不会放任韩元过多而不管的。

反过来，美元的总量由美国规定。因为美国的经济规模比韩国大得多，所以流通在世界各地的美元规模也比韩元大得多。如果大量的美元在韩国国内被当成货币使用，会立刻导致物价暴涨。但韩国银行对美元却束手无策。因为韩国银行只发行韩元，并不发行美元。

看到这儿，你或许会想，那管控好韩元的总量不就行了吗？虽然用美元购买的物品价格有可能上升，但是用韩元购买的物品价格维持不变不就可以了吗？但问题恰恰出在这儿：事实并非如此。

商品的韩元价格维持不变，只有美元价格上升，那就意味着相比韩元，美元的价值下跌了。假设一本定价 1 万韩元的图书之前卖 10 美元，现在在韩元价格不变的情况下，要花 20 美元才能买到。那么仔细研究一下美元和韩元之间的关系，你会发现，1美元的价值由1000韩元跌到了500韩元。这个现象，也可以表达成韩元的价值相较美元上升了。不管怎么说，现在人们不使用韩元了，只花美元。看到美元的价格一直在降，大家就会想：在美元贬值得更厉害之前，得赶快把手中的美元都花光。最终出现的情况就是，在韩国流通的货币就只剩美元了。这样的现象也被称作“劣币驱逐良币”。

如果大家普遍用美元代替韩元，韩国政府就会失去对货币的掌控。长此以往，韩国的物价就会随着美国印刷的美元数量而上下起伏，韩国国内的银行也无法随意规定利率，因为会受美国的银行和联邦储备系统制定的美元利率的影响。也就是说，从经济上来看，韩国已不再是一个独立的国家了。

因此，没有一个国家会允许他国的货币在本国使用。我认为，过去十年间一直延续的欧洲债务危机，正是因为强制让多个国家使用统一的货币才会发生的。如果整个欧洲无法变成像美国一样统一的国家，欧元的问题绝对难以解决。

好，讲到这里，我们已经了解了什么是金钱。不管金钱是怎么诞生的，都不会马上对大家的生活产生任何影响，也有人认为这些故事离自己实在太过遥远。然而，只看一棵树，是无法了解整个森林的，因此如果不搞懂金钱的本质，就难以理解金融，因此我才先在这里跟大家讲和金钱有关的故事的。

第二章

管好钱之前，你需要知道的几件事

要想管好钱，应该怎么做？

第二章我会给大家讲述管理金钱这件事，即关于赚钱、攒钱、花钱的过程和钱的流向的故事。管理金钱的主体，既可以小到像你们一样的个人，也可以大到公司，甚至是整个国家。尽管规模不同，但基本原理都是一样的。无论是个人还是国家，相同点都远远多于不同点。好，那么现在开始吧！

现在还是青少年的你们，有一点和已是成人的你们的爸爸妈妈是一样的，那就是：如果不好好管理金钱，就会走向破产。这非常公平吧！在管理金钱这件事上，年纪并不重要。不是说年纪大就能自然而然管好钱财，反之，也无法断言年纪小就一定不会管钱，重要的是，是否养成了管理钱财的基础习惯。

一般来说，对金钱的看法大致有两种。一种是将钱看成流动的水，另一种则是将钱看成静止的水。这两种观点互相关联。水一直流着，静止的水会渐渐增多；同样，静止的水多了，哪怕不停有水流走，也能撑上一段时间。

将钱看作静止的水的那些人，会更看重手中现有的金钱或财产的数额。第三章要讲的投资和投机，就是从这个角度看待钱财的。如何使手中的钱变得更多，是人们最主要的烦恼。

不过，将钱视为流动的水这种看法更为重要。流动的水多了，静止的水也会随之增加，流通的钱多了，至少不会陷入大的困境。流动的水一旦出现了问题，静止的水也将立马出现问题。也就是说，如果流动的水是自变量，那么静止的水就成了因变量。

打个比方，如果把钱想成是流动的水，那

么赚多少钱和花多少钱就十分重要了。如果花的钱少于赚的钱，那还行。对比赚的钱，花的钱肯定越少越好，因为这样做，就能将剩下的钱攒起来。

但如果花的钱多于赚的钱，哪怕多那么一点点，都会成为问题，因为手中的钱会相应减少。如果原先有非常多的钱，可能不会立即出现大问题。但随着时间的流逝，未来的某一天，钱会全部消失，这可是数学上的真理，不存在例外。如果花的钱多过赚的钱，破产具体说来只是时间问题，改变不了最终会破产的事实。

让我们重新回到16世纪的西班牙。1516年成为西班牙国王的卡洛斯一世拥有庞大的领土。有着“神圣罗马帝国皇帝”之称的他，不仅统治着西班牙，而且统治着现在的德国、奥地利、法国的一部分领土和意大利的大部分领土，以及美洲、非洲及太平洋岛屿和菲律宾。他的统治面积，就连罗马皇帝都十分羡慕。卡洛斯一世的权势确实十分强大。

同时，他还拥有从美洲掠夺而来的金银。在新大陆发现的贵金属，有 20% 被指定为国王财产的一部分。一边有贵金属收，一边有税金收，卡洛斯一世可谓是当时欧洲屈指可数的富豪。

不过卡洛斯一世发动了很多场战争，既侵略了奥斯曼帝国，又和老对手法国大战了多个回合。看待历史的角度不同，针对发动战争必要性的回答也会有所不同，但有一点是无可反驳的，那就是：战争需要耗费大量资金，而且达到巨额程度。这个道理横贯古今，无一例外。

战争带来的后果是，卡洛斯一世的支出超过了收入。尽管他的收入十分可观，但他的支出却远远超过收入。这时该怎么做呢？正常来说，应该减少支出。但卡洛斯一世并没有这样做，他认为只要赢了战争，抢来更多的金银财宝就可以解决这个问题了，于是他借起了债务。也就是说，他借了钱。

故事都差不多，一开始他也是从小钱借

起。从1520年到1532年，卡洛斯一世的借债金额为633万杜卡特。之后金额渐渐变大。从1533年到1542年，他总共借了659万杜卡特，而在1552年到1556年的四年时间里则借了1435万杜卡特。最后，他总共欠下了3801万杜卡特的债务，这个金额比卡洛斯一世同时期的收入200万杜卡特多得多。也就是说，他的收入不够战争的开销，于是借了更多的债务，还给花掉了。从金钱管理的角度来看，这种行为只能得零分了。

1556年卡洛斯一世去世之后，他的儿子腓力二世随即成了新的西班牙国王。因为无法承受将近4000万杜卡特的债务，腓力二世最终宣告破产。卡洛斯一世以自己的实际行动证实了这样一个真理：无论收入有多少，如果支出超过收入，最终只会走向破产。

正所谓“有其父必有其子”，腓力二世和卡洛斯一世没什么两样。他为了发动同奥斯曼帝国的勒班托海战、与消灭西班牙“无敌舰队”的英国之间的战争，以及荷兰独立战争等各种大大小小的战争，耗费了收入之上的钱财，并试图用债务来填补这个空缺。到1596年去世之前，腓力二世足足宣告了四次国家破产。借债给他的德国富格尔家族也接连遭受巨额损失，最终没落于17世纪。

那么要存下多少收入，才算是明智的选择呢？这个问题不存在正解。虽然如果能给出10%或20%这种数字会更好，但这挺难的。

不过有一点是确定的：存下来的收入越多越好。哪怕是一点也好，如果能把钱省下并积攒起来，就能处于财务健康的状态。至于要存多少，取决于实际收入和实际支出。如果一定要用的钱因为储蓄而不能花，也很难看成明智的决定。不过支出比收入还多，就绝对称不上是健康的习惯了。

个人、公司、国家分别应该怎么管理钱？

大家最能感同身受的金钱话题，应该是零花钱。大家收到的零花钱无外乎是以下这两种中的一种，要么是每周或者每个月从父母那里收到的零花钱，要么是过中秋或春节时从亲戚，特别是爷爷奶奶那里收到的零花钱。对比从父母那里定期收到的零花钱，从亲戚那里偶尔拿到的零花钱，往往数额会更大。

那么这两种零花钱哪种更好呢？让我换个更具体的提问方式吧！每个月固定收到 2 万韩元和每年 1 月 1 日一次性收到 24 万韩元这两

种情况，如果让大家从中挑一个，大家会选择哪一种呢？

算术快的朋友可能早在心里算好了：每个月 2 万韩元，分 12 个月收，总共会有 24 万韩元。从收到的零花钱总数来看，这两种方式显然没有区别。因此，这个问题就变成了：同样是 24 万韩元，你希望分阶段收到还是一次性提前收到？

简单想一下，大家会觉得提前收到更好，理由有两个。第一，提前收到 24 万韩元，就不用担心以后会收不到钱了。虽然说好了每个月都会收到 2 万韩元，但万一收不到呢？当然你们的父母也不会没来由地违背诺言，不过如果大家惹是生非，爸爸妈妈也是有可能改变主意的。

第二，提前收到零花钱，就能够获得一部分利息。拿到手的 24 万韩元中，除去第一个月要用的 2 万韩元，剩下的 22 万韩元不会马上用到，因此可以设置成一个月的定期存款，这样能产生利息。

事实上，这里需要添加一个条件，那就是大家不会乱花这 24 万韩元，即每个月只用 2 万韩元。突然有了一大笔钱，就容易出现不顾将来、先花为上的情况。为了防止这种情况发生，如果管不住自己的话，还是每个月固定只收 2 万韩元的好。好好管理钱财，也就意味着不被诱惑吸引。大家有自信会好好花钱吗？

要想管理好零花钱，可以使用家庭账簿。所谓家庭账簿，也就是按照日期记录收入和支出的账本。如果能够仔细填写家庭账簿，大家就可以随时确认花钱的原因和花钱的金额，可以即时确保自己在收入范围内精打细算地花钱，也能知道自己攒下的金额。

但即使好好写了家庭账簿，却不把节约这件事付诸实践，最终也会不了了之。只是掌握手中的钱财状况，却从不积极省钱，那记不记账簿也没什么两样。因为金钱并不会因为记了家庭账簿就自动生出来。

虽然举的只是零花钱的例子，但这同样适用于社会或国家。开公司做生意，既能赚到钱，也需要有所支出。卖出商品就有收入，而制作商品时需要购买必要的原材料，并向职员支付工资，这些就属于支出。如果支出多于收入，会发生什么呢？维持不了多久，公司就会完蛋，要么倒闭，要么破产。

大家将来外出求职的时候，可以研究一下要入职的那家公司的收入和支出状况。用收入减去支出，得到的就是利润。利润越高，证明生意做得越好。这和个人省钱进行储蓄是一个道理。如果一家公司基本没剩什么利润或者因支出太多而造成损失，不去工作反倒更好。除非是一些非常特殊的情况，那种公司一般过不了多久就会关门大吉。

一个国家也是一样的道理。作为一个国家，其收入主要是从国民和企业那里征收到的税金，而给公务员或军人支付的工资、花在各类公共设施上的钱，都是国家的支出。如果国家的支出多于收入，财政就会处于赤字状态。一两年问题还不大，一旦这种状态持续下去，最终就会造成巨大的问题。

不过国家还有最后一个方法，那就是直接发行货币，动员中央银行印钞，填补资金空缺。这样一来，表面上看，国家的收支就趋于平衡了。但是这样创造出来的货币，将彻底破坏整个经济系统。强行增加货币量，物价就会暴涨，前面也说过，没有一个国家在发生了这种状况之后还能健康完好地存在。

实际上，除去这种方式，还有另外一种方式，但我会放在后面讲。现在大家只需牢记：支出超过收入的个人、公司和国家都是没有未来的。

个人的信用
是怎么决定的？

在和金融相关的新闻中，经常会出现“信用”一词。这个词之前也提到过。当时我给大家解释商业银行的贷款，跟大家说贷款和信用是一回事，对吧？这个词经常以“信用不错”或“信用差”这种搭配出现。

“信用”翻译成英语，就是 credit，这个词来源于拉丁语 creditum。和 creditum 相近的拉丁语还有 credo，对基督教信徒来说，这个词指的是信条。因此可以大致猜到，credit 这个单词带有“信任”的意思。

包含“信任”之义的拉丁语动词credere的过去分词creditum，按照字面意思直译就是“可信（之物）”。这里就出现了“借钱”这层意思了。如果不相信那个来借钱的人，就无法把钱借给他，是吧？所以“信用”这个词，就基于借入钱和借出钱的关系这个前提。

借入钱和借出钱，这两个行为无法由单人实现。我如果想借钱，就必须有某个人愿意把钱借给我。我如果剩下一些钱，想借出去，也是同样的道理。没有人向我借钱，无论我多想出借，也无法成功。“一个巴掌拍不响”说的就是这个道理。

也许正因为如此，“借款”和“贷款”这两个词常常使人陷入混乱。因为单看这两个词，无法辨别讲的到底是借出钱财的一方，还是借入钱财的一方。英语就不存在这个问题。“借入”和“借出”的单词分别是borrow和lend，这是完全不同的两个词。然而一旦换成“借款”或“贷款”，就无从得知到底是将钱借给别人还是跟别人借钱，因此定要反问一句。

一般在某个人借钱的时候会提及他 / 她的信用。“信用不错”，意味着“他或她过去借的钱都有借有还”或者“他 / 她能给他人留下好好还钱的期待”，因此这句话指的不是某人出借钱财的情形，请不要混淆。

那么一个人的信用是由什么构成的呢？从大的层面上讲，可以由两个变量相乘得到。第一个变量是还钱的能力。原来就持有很多钱或者借的钱不过分超过收入，那么还钱的能力就强。相反，借的钱多于原本持有的钱或者过分超过收入，那么还钱的能力就弱。

第二个变量是还钱的意愿。有还钱的能力，却没有还钱的意愿这种情况也是存在的。比如，有些人明明有着大量的资产，却不愿意缴纳金额不多的税款。根据 2016 年公布的数据，韩国漏税超过 1000 万韩元的人，几乎接近 3 万名。平摊下来，每个人约有 2700 万韩元的税金尚未缴纳。

因此，一个人的信用等于还钱的能力乘以还钱的意愿。如果还钱的能力有所欠缺，哪怕还钱的意愿达到了 100%，信用也会下降。同理，再有能力还钱，如果缺乏还钱的意愿，信用情况也会十分糟糕。因此评价一个人的信用时，要同时确认这两个变量。

这两个变量中，相对容易确定的是还钱能力，因为这能通过借钱之人的财产状况或者工资明细表进行确认。还有一点也比较重要，就是这个人目前欠了多少债务。一般而言，如果看到一个人余额凭证上有 1 亿韩元的存款，会以为他有很多钱，但实际了解一番才知道，其实这些钱都是从别处借来的，这个人实际拥有的钱为 0。也有欠下太多债务，想还都还不了的情况。因此判断一个人是否有还钱能力时，也要同时考虑到债务这方面。

仅凭一个人手中的钱来判断其财务状况是不够的，还要区分这笔钱是完全属于他自己的，还是借来的。打个比方，有 A 和 B 两个人，A 有 1 亿韩元现金，B 有 2 亿韩元现金。表面上看，B 更富有。这种表面上的钱财，我们称之为“资产”。

但是资产多不一定就是富人。举个例子，A没有任何债务，而B有1.5亿韩元的债务。减去要还的钱，B真正能留下来的只有5000万韩元。而毫无债务的A持有的这1亿韩元全都属于自己。因此，如果只考虑真正属于自己的钱，显然A比B更加富有。如此这般，在已有资产的基础上，减去要还的债务，剩下那笔真正属于自己的钱，我们称之为“资本”。

那资产和资本哪个更重要呢？不用多说，肯定是资本重要得多，因为那才是真正属于自己的钱。倘若资产多过资本，那意味着在谁那里欠了债。大多数情况下，欠债的对象应该是银行，银行就是使人们临时拥有的钱多于实际拥有的钱的机构。但是，不少人陷入了借来的钱就是自己真正拥有的钱的错觉。

相比之下，还钱意愿确实更难以掌握。没有人会在借钱的时候说：“我是不会准时还钱的。”因为那样，就不会有人愿意借钱给他/她了。因此大家都口口声声说自己会好好还钱，但并不是所有借钱的人实际上都会这么

就 1 个，但确实是它自己的资本。
信用
GOOD

有 4 个，但是属于自己的资本只有 1 个！
信用
BAD

做，正如去洗手间之前和之后是两个状态一样。问题在于，仅仅通过表面，根本无从判断哪些人有还钱的意愿。

银行又是如何解决这个问题的呢？银行会通过想借钱的人过去的所作所为，来判断这个人是否有还钱的意愿。如果借钱之后正常还过钱，就可以判断这个人有较高的还钱意愿。准时还钱的次数越多，还的金额越大，就可以判断这个人对新债的还钱意愿也越强。但这个方法并不完美。因为不能仅凭过去好好还钱了这一点，就打包票说这个人将来也会好好还钱。

只持有1亿韩元资本的人，借走2亿韩元之后能顺利偿还的可能性并不高，因为首先还钱的能力就已经有所欠缺了。以上是关于个人信用的内容，将个人换成公司或国家也一样，都是相同的逻辑。

比方说，某家公司资本不过10亿韩元，却欠着比这还多的债务。把钱借给这种公司，最坏的情况就是借出去的钱都无法正常收回，因为那家公司能够用来还债的钱并不够。当然，如果公司的业务运转正常，故事也可能会发展成另外一个版本。如果能每年顺利卖出商品，得到 100 亿韩元的销售额，减去费用，剩下 10 亿韩元利润，那么在还债这件事上应该没什么大问题。因此，将钱借给公司的时候，对这一点也要有所考虑。

信用也会被赋予更为正式的等级。针对个人，会有个人信用等级，不仅有专门的评级机构，银行也会自动评定等级。某些信用评级机构的主要业务，就是给其他公司或国家的信用评定等级，它们按 AAA、A、BB 等等级进行评定，再向那些想要借钱的公司或国家收费。当然，从需要借钱的一方那里收钱，使它们注定无法摆脱乱用信用评级的指责。

国家是怎么借钱的？

国家与个人或公司没什么不同。比起拥有的资产，一个国家有多少债务，更成为一个问题。同时，相比一个国家的收入，即比起税收，债务金额一样重要。

那国家是从哪里借钱的呢？像个人或公司一样从银行借钱吗？绝对不可能。银行是国家严格监管的对象，向监管对象借钱，是不可能实现真正的监管的。因为如果被监管对象让国家把钱全部还回去，国家会手足无措。

那么，国家可以从中央银行那里借钱吗？

这也十分奇怪。中央银行一般是国家创立的机构。向自己创建的机构借钱，听起来有点不对劲。我在这里给大家举一个相关的案例吧。

20 世纪 90 年代，美国有一家声名赫赫的安然公司。成立于 1985 年的安然公司，在聘请取得哈佛商学院 MBA 学位的杰夫·斯基林当总经理后，相继拓展了企业的业务范围。斯基林负责的专门业务，就是成立只在文件上徒有空壳的子公司，并和这些子公司进行复杂的交易。安然公司对外公布的利润向来很多，因此从 1996 年到 2001 年，美国《财富》杂志连续六年将安然公司评为“美国最具创新力的公司”。员工们也会拿自己在安然公司工作这件事，向周围的人炫耀。

不过后来大家才知道，原来安然公司和子公司做的就是一些借债或者掩盖损失的奇怪交易。从自己一手创办的空壳子公司那里借钱，听起来不太像话吧。这实际上就是借走原本就没有的钱，然后通过做账来掩盖损失。最终，这种恶劣的会计舞弊行为在 2001 年被揭发，安然公司因此走向破产。将钱借给安然公司的员工和其他人，自然也跟着一起破产了。斯基林进了监狱，而对斯基林的会计舞弊行为睁一只眼闭一只眼的安达信会计师事务所也因此倒闭。

这个例子虽然跟公司有关，不过换成国家也是一样的情况。国家向中央银行借钱，就是一种危险的障眼法骗局。

那国家应该怎么借钱呢？方法倒是有一个，就是发行国债。“国债”这个词，大家可能比较陌生。国债可以理解为“国家债务凭证”，凭证是用来证明某些东西的纸质文件，国债就是“证明国家借债的文件”。简单来讲就是，国家向你借了钱，有这份文件就标志着国家同你约定了会在将来的某一天将包括利息在内的多少钱还给你。在美国，财政部是发行国债的主体。

前面也提到过，一个人无法独自取得债务，肯定要存在一个愿意将钱借给你的人。那么国家会向谁借钱呢？表面上看，国家是向投资者借钱。国家发行国债，投资者就会带上现金来购买国债，拿现金来兑换“我将来会还给你多少钱”的凭证。

站在出借钱财的人的立场上，总会担心借钱的人将来会不会耍赖。为了避免这种情况，出借钱财的人一般会收到一张被称为“借据”的凭证。债务凭证和借据本质上是一样的，债务凭证也叫债券。

那么购买国债，即借钱给国家的投资者一般会是谁呢？挑些大的投资者来讲，就是各种年金基金、保险公司以及资产管理经理。他们之所以会购买国债，是因为他们觉得国家基本上不可能破产。购买国债收到的利息虽然最少，却不用担心收不回本金。

国家是如何偿还债务的呢？官方回答是“通过征收税金来偿还”。国家能够筹集资金的方式只剩税收了。国家用征收来的税金给公务员发放工资、开展公共事业，如果还有余钱，就会拿来还债。这和个人用工资、公司提高销售额来还债没什么不同。

不过此时就产生了一个疑问：国家明明征税就行了，为何偏要采用借钱的方式?

这是因为，比起征收的税款，国家需要更多的钱，简单来讲就是钱不够花。虽然看上去多征点税就可以解决问题，但因为征的税已经够多了，所以再征税并没有那么容易，只能以国债的名义先借点钱，把缺口给补上。

回顾历史可以看出，国家借钱主要是因为战争。17 世纪，英法两国为争夺欧洲霸权展开了激烈的战争。当时的法国国王路易十四使用有计划征收来的税款，将 1643 年不到 2 万名的常备军扩充到 1694 年的 40 万名。

另外一边，英国在 1688 年爆发光荣革命。詹姆斯二世下台后，荷兰的奥兰治·威廉成了英国国王威廉三世，法国和英国—荷兰之间也展开了长达九年的战争。特别是在 1690 年英吉利海峡的比奇角海战中，最有名的一场战役当属 75 艘法国海军船队击退了 56 艘英国—荷兰海军船队。当时法国没有失去一艘船，而英国和荷兰则被击沉了约十艘船。威廉三世因此深陷危机。

为了继续战争，需要投入更多的资金。但是威廉三世自身早已负债累累，难以再举债来重建海军。于是，威廉三世与一群居住在伦敦的高利贷者展开了协商。威廉三世向他们承诺，如果他们购买君权债券，那他们就能获得在英国国内发行通用货币的垄断权。协议缔结之后，威廉三世以年利率 8% 的条件，从高利贷者那里借走了 120 万英镑。这些高利贷者，后来发展成了英国银行，这就是英国银行这家英国中央银行成立的背景。

因为缺钱而借来的钱，绝不可能在后期自动还上，肯定要另外备好钱才能偿还。国家如果想偿还债务，理论上应该省下税金进行偿还，但能这么做的国家非常之少。大部分国家会通过发行新的国债来偿还债务，也就是用新债来还旧债。这无疑就是拆了东墙补西墙。你是不是觉得哪里有点奇怪？这个问题，我们会在第四章进行深入探讨。

一个国家如果欠下太多债务，就会出现问

题。如果人们开始产生“这个国家不会侵吞了借走的钱吧”这种疑问，就再也没有人愿意把钱借给那个国家了。不管这个国家再怎么发行新国债，只要没人买，国家就借不到钱，就没法偿还之前的债务，就会走向灭亡。这被称为“延期偿付危机”，词典上解释为“申请将来再还钱”。这是一种好听的说法，其实就是说自己没钱从而推卸责任。

延期偿付危机很少出现？事实并非如此。回顾金融的历史，你能发现大量的事实案例。前面提到的16世纪的西班牙自然算是这种情况，19世纪的英国也先后3次宣告了延期偿付危机。英国是19世纪全球最富有也是实力最强的国家，即使如此，英国也宣称自己无法偿还债务。这就证实了延期偿付危机并非只出现在发展中国家。

20世纪之后，类似的事情就更多了。20世纪80年代的墨西哥、巴西、阿根廷等中南美洲的国家，1998年亚洲金融危机时期的马来西亚和俄罗斯等国家，以及2009年成长中

橡子国宣布
延期偿付危
机了！
我可是买了
那个国家的
国债呀！
延期偿付危机，
唉……

的阿联酋迪拜都曾宣告过延期偿付危机。2011年希腊遭遇主权债务危机，近年来则是委内瑞拉处于危险的状态。

那么该如何判断国家的债务是多是少呢？最常用的方式是对比那个国家的国内生产总值和债务总额。一般来讲，当债务总额超过国内生产总值的100%时，债务就处于过分严重的状态了。计算国家债务时，应该将国家出面做过担保的资金一并视为国家的债务。

如果公司无法还债会怎样？

如果公司还不了债，会出现什么问题呢？这是一个非常重要的问题，也是大家理解现有资本主义制度如何运转所必须了解的一个问题。在回答这个问题之前，先给大家讲一个名人的故事，他就是2016年被选为美国总统的唐纳德·特朗普。

在美国东部的新泽西州，有一个叫大西洋城的城市。大西洋城是一个赌城，即因赌场而出名的城市。如果说美国西部有内华达州的拉斯维加斯，那东部就有大西洋城。从父亲那里继承了一笔遗产后成为房地产开发商的特朗普，在 20 世纪 80 年代开始接手赌场的生意。他关注的地方正是大西洋城。

特朗普连开了三家赌场。但这世上没有哪个地方的赌场能够独立存在，赌场都是和酒店并存的，这也是为了让那些来赌场消费的人能有地方休息。休息得舒服，才会长久地待下去，继续在赌场花钱。因此特朗普在三家赌场所在之处分别建了三座酒店。

第三处赌场的酒店尤为宏伟壮观。这座 42 层的酒店，于 1990 年 4 月开业，是当时新泽西州最高的建筑。这座酒店里的赌场也因全世界规模最大而自豪。酒店名为“特朗普泰姬陵”。泰姬陵原本是印度宫殿式的坟墓，其富丽堂皇的程度达到了顶峰。特朗普总是吹嘘自己的特朗普泰姬陵以后会被称为“世界第八大奇迹”。

建那么大的酒店，自然要花费大量资金。如果将特朗普泰姬陵的建造费用换算成当时的货币，足足接近 1 万亿韩元。如果特朗普自己掏钱建造这个酒店，是没有人会指责他的，因为无论酒店经营得好与不好，只要特朗普负起责任就行。但是特朗普并没有花自己的钱建这个酒店，那他用的是什么钱呢？

特朗普首先购买了一家公司。购买公司，意味着买入那家公司 50% 以上的股票。股票即代表公司的股份。如果持有某个公司过半数的股票，则意味着拥有了左右这个公司的权力。特朗普利用这个权力，以公司的名义举债。和国家借钱的方式一样，公司也可以通过发行债券来筹款。于是特朗普采用这种方式筹措了 6750 亿韩元，加上特朗普自己公司原先借的债，债务总额高达 8200 亿韩元以上。建造这座酒店，特朗普个人只投入了 1000 亿韩元多一点。当然，1000 亿韩元也不是一笔小数目，不过从资金总额上看，只不过占了 10% 多一点而已。

特朗普的公司新借的这笔款项，年利率是 14%，也就是说，借 100 韩元，一年要还的利息为 14 韩元。如果无法归还利息且继续放任不管，大概过个五年，要还的钱就会翻上两倍，这个利率实在高得有点吓人。以此推算，特朗普借来的资金是 6750 亿韩元，一年仅利息就要还 945 亿韩元，也就是大概要付 1000 亿韩元的利息。

如此高利率的债券，名为“垃圾债券”（也称“高息债券”，junk bond）。大家应该听过“垃圾食品”这个词吧？junk 是“垃圾”的意思。高热量但营养价值低的快餐和速食食品等被称为“junk food”，按照字面意思理解就是“像垃圾一样的食品”。bond 指债券，junk bond 合起来就成了“像垃圾一样的债券”。

为什么要将债券比喻为垃圾呢？这是因为发行债券的公司看似不打算还钱。如果公司不还钱，那债券也就成了废纸。得是多么不可靠的公司，才会同意支付高达 14% 的年利率去借钱？这正证明了特朗普的公司最终还不了债而走向破产的可能性非常之大。如果不发行垃圾债券，就无法筹集到这笔钱。

尽管特朗普打过包票，但赌场和酒店的收

入还是不如预期。特朗普泰姬陵不过一年就宣告破产，走上了破产法庭。在那之后，再三出现破产的情况，2009 年第四次、2014 年第五次申请了破产。这个产业一塌糊涂，特朗普是否负起了相应的责任呢？

因为特朗普的公司是股份公司，所以他本人基本没有负过责任。股票持有者就是那种就算公司破产了也不用负任何责任的股东，只不过自己的股票会成为一堆废纸。如果特朗普花 1000 亿韩元购买了股票，那他的损失最多就是 1000 亿韩元。特朗普的公司即使还不上借款，特朗普也不需要负责，他既没有为此掏钱的义务，也不用因为公司破产而进监狱，只需要将公司进行倒闭处理即可。

这就是股份公司最大的特点。最初创立股份公司时需要投入资本。打个比方，假设以 1000 万韩元的资本创建了股份公司，同时发行了 1000 股股票。那么为了拥有 1 股，就需要交 1 万韩元。如果交 500 万韩元，就能够拥有 500 股。购买股票的人被称为股东，他们负责帮公司作决定。

公司创建之后，就可以开始做生意了。当然，公司仅凭手中的1000万韩元，就可以实现正常运营，既能支付员工工资，又能支付原材料费用。但也可以使用其他方法，那就是以公司的名义来借款。如果公司生意进展顺利，那么欠债在股东看来会更加有利。如果生意不好，那债欠得越多，公司就越容易破产。

一家公司，如果还不了债，最终只有破产这一条路可走，公司是没法被送进监狱的。相反，个人如果无法还款，不仅会被没收财产，还会锒铛入狱。如果以个人名义开展事业，一旦破产，将很有可能损失个人财产。但若创立公司开展事业，除了投进公司的资金，不会有其他额外的损失。因此，比起个人借款，创建公司来借款将更加安全。

因此大家都来创立公司吧。即使生意不好，也不用担心没有放进公司的个人资产会消失，大可抱着“办不成也没什么损失”的心态，以公司的名义来借款。很多公司都采用这种方式借到了巨款，然后再将这些钱变成实实在在的现金，促使物价上涨。银行则借出本不属于自己的钱，再从中赚取利息变成银行的收入。在银行看来，即使公司无法还款也没什么大问题，到那时将整家公司据为己有即可。

这就是资本主义社会。

为什么国家会出面帮助某些公司不倒闭？

不可能所有的公司都不会倒闭。当然有生意兴隆的公司，也存在利润产出高且发展迅猛的公司，但并非所有公司都能做到这样。就像世界上既有学习好的人，也有学习差的人，既有歌唱得好的人，也有歌唱得烂的人，道理都是一样的。

可当一家公司出现财政困难时，大环境就会变得闹哄哄的。电视新闻或报纸会像出了什么大事一样，进行连日的报道，说什么“不能放任公司破产”或者“政府随便介入是违背市场规律的”。这些话中，哪些是对的，哪些又是错的，总令人非常混乱。

公司倒闭意味着什么呢？一起来做个思想实验吧。假设有两家做相同生意的公司，第一家公司是依靠自己的资本建立起来的，也就是说，这家公司完全没有欠债，仅凭股东上缴的钱来运营公司。第二家公司则背负了债务。

生意同样不好的情况下，会发生什么呢？第一家公司只会损失少许资本，而第二家公司则会遭受比这更严重的损失。因为这家公司不仅要承担商品卖得不好的损失，还要承担债务利息。

让我们借助具体的数字来说明，假设第一家公司拥有 100 个单位的资本，而第二家公司则是资本 10、借款 90，合起来的资本总数也刚好是 100。回顾一下之前提到的特朗普的公司，就能加快理解。

假设刚做生意的第一年，商品没有卖出去，损失达到了 5。第一家公司的资本从 100 降到了 95，肯定会有些难过。不过手中还剩

95，明年还有可能成功，只要尽力制造出更好的商品即可。

反过来，第二家公司陷入的就完全是另一个程度的危机了。首先，它和第一家公司一样，遭受了5的损失，加上它还要支付借款90产生的利息。如果贷款年利率为10%，这家公司手中的资本还得减去9。也就是说，总共少了14个单位，那么手上就只剩86了。在银行看来，自己借出去了90，而这家公司却只剩86，意味着连本金都无法收回。而股东们交出的10，早已消失得无影无踪了。第二家公司自动处于破产状态。

在公司轻易倒闭这点上，债务发挥了不小的作用。但那些没有债务的公司，如果一直承受损失，也会走向倒闭。

一家公司倒闭了，会出现什么问题呢？首先，公司股东会遭受损失。但这算不上什么大问题，由于自己经营不善遭受的损失，总不能让周围的人来弥补吧。就如同考试考砸了的学生一样，总不能通过帮他们修改分数来提高他们的成绩吧？这才真正算是相信市场规律，也属于国家不该插手的事情。

不过，这里有必要考虑一下公司员工的处境。这些人面对的损失，就不单单是金钱上的损失了，他们将失去自己的工作。员工数量越多，问题就会越大。试想一下很多人一下子成为失业者的情形，相信你就很难轻易说出“公司倒闭也是无可奈何”这样的话了。站在有责任、有义务守护国民生命的国家的立场上，就更是如此了。

在美国，原先有三家规模比较大的汽车公司。这其中，最大的莫过于GM，也就是通用汽车公司。通用汽车在过去的数十年间，一直是美国的骄傲，因为无论是在美国还是在全世界，通用汽车都是最大的汽车公司。20世纪50年代，时任通用汽车董事长的工程师曾自豪地说道：“对通用公司有利的，就是对美国有利的。”由此可见，通用汽车在美国国内的地位有多特殊。

可不知何时，通用汽车渐渐丧失了其竞

争力，于2008年全球金融危机时期濒临破产。当然通用汽车公司内部也存在不少问题，它自负地认为自己是最厉害的，因而疏忽了对新技术和新产品的开发。同时它还创立了金融子公司，沉迷于金钱游戏。不过，如果就这样放任通用汽车破产，将会产生巨大的社会冲击。通用汽车公司本身拥有数万名员工，再加上与汽车产业相关的零部件企业的员工，总共有超过100万人可能因此成为失业者。

最后，美国政府投入了50万亿韩元以上的资金，一举成了通用汽车最大的股东。简单来讲，就是将通用汽车国有化了。一旦判断出某家企业会对国家的经济和国民的生活造成重大影响，哪怕是美国这样的发达资本主义国家，也会将私企变成国企。

不过在这之后，美国的做法有点奇怪。美国公开指出在2009年超越通用汽车成为世界第一大车企的日本丰田公司的高级品牌雷克萨斯汽车上的致命缺陷。丰田公司的形象因此遭遇重创，在2011年将世界第一的位置再次让

给了通用汽车。但就在随后的 2012 年，通用汽车再次退居第二。

2015 年，德国大众跃居第一。第二、第三分别是丰田和德国的戴姆勒，通用汽车退到了第四名。于是美国又再度指责大众汽车在废气数据上造假。尽管大众汽车数据造假这件事无可否认，大众也确实做了不该做的事，但是为什么美国会突然提出这件事也值得我们好好思考。德国人觉得这是美国的政治阴谋，因为如果确有必要，国家的确会展开这种行动。

公司中确实存在像通用汽车一样“大而不能倒”的情况，国有企业或集体企业就属于这种类型。举个例子，韩国电力公司是韩国国内唯一一家供应电力的公司。如果韩国电力公司破产，韩国就会突然断电。总不能就这样放任不管吧？也就是说，有些经济活动不能单单依赖市场。

如果成为“失信被执行人”会怎样?

前面一起了解了当国家和公司还不了债时会发生的情况，现在我们一起来看一下当个体还不了债时又是怎样的情况。

“信用不佳者”按照字面意思，就是指那些信誉度差的人。实际上，现在已经不用这个词了，现在官方的说法叫“失信被执行人”。当一个人在银行借了钱，无法偿还的金额超过了一定数目，或者无法偿还信用卡使用的额度，就会被登记为“失信被执行人”。除了这两种情况，无法按时缴纳或经常拖欠电费、税金，也会变成“失信被执行人”。失信被执行人的相关信息，所有金融公司都会进行共享。

一旦成为失信被执行人，就会在金融相关活动中受到各种约束。首先，这类人再也无法进行贷款。总不能再把钱借给那些借了钱还不上、已经成为失信被执行人的人吧，因为向他们收回借款的概率非常低，也就是说他们还钱的能力或还钱的意愿非常薄弱。

大家还是青少年，应该都还没有信用卡吧？信用卡是买东西时用来代替现金的一种付款方式，不过使用的这些钱，要在一个月后一次性偿还。因此，信用卡公司就是以个人为对象，在短期内出借资金的金融公司。如果能在下个月将当月信用卡的消费额度还掉，就不需要支付利息。但如果延期或分期支付，就要支付非常高的利息。同时，信用卡还提供现金服务，能够在自动取款机（ATM）上支取少量现金。这自然也算向信用卡公司借款。现金服务的利率非常高。一旦成为失信被执行人，就无法再办理新的信用卡，因为他们很有可能无法偿还信用卡消费。

失信被执行人还会遭遇财产冻结或划扣。想把钱要回来的金融公司会把这些人每个月收到的工资或存款直接划走，还会强制拍卖他们的房产或车子等来还款，如果还完欠款还剩下一些钱，就会返还给失信被执行人。但失信被执行人也因此失去了已经有了感情的房子和车子。

一旦成为失信被执行人，哪怕把钱全部偿还完毕，失信被执行人的记录也会伴随自己一段时间。由于这个标签一直跟着自己，因此很难再像以往那样，随心所欲地展开新的金融交易，自然也会对就业或其他社会活动产生不良影响。因此尽量还是不要让自己成为失信被执行人的好。

一个人一旦成了失信被执行人，就无法撤销这个身份了吗？不至于。在韩国，如果成为失信被执行人，一般来说有三条路可以走。

第一条路是偿还所有债务。这在一个人有足够偿还全部债务的资金的情况下，是有可能发生的，这样仅仅算是延期偿还。如果将债务归还完毕，就再也不需要忍受被追债的折磨。尽管要花点时间，不过在未来的某一天，延期偿还的记录总会消失得无影无踪，到那时就可以继续享受正常的经济生活了。

第二条路是使用债务重组制度。简单点讲，就是借助公共机构的帮助来偿还一定范围内的债务。公共机构不仅能帮忙减掉贷款利息，还能帮忙减掉因延期而产生的追加利息，还会根据情况帮忙将要偿还的本金降至一定的范围。不过，采用这种方式还债的个体需要承诺一挣到工资就拿出其中的一部分来偿还本金，并且要一直信守承诺才行。如果一直坚持履行承诺，在还完所有债务之前也有机会摆脱失信被执行人这个身份。

第三条路是借助法院的力量。如果申请了"个人回生"程序，只需要利用月薪等来偿还最多五年期间能偿还的债务金额，法院会帮忙撤销剩下的债务。另外，也可以申请个人破产。如果法院判断某个人不具备还债能力，就会帮忙撤销所有债务，这算是最后的方式了。如果借用法院的力量，失信被执行人的记录将持续得最久。

把钱借给那些不具备还钱能力的人，是产生失信被执行人的最大原因。他们正是被“你也可以借钱”这种话所迷惑，想着先把钱借过来花，后来就出了大事。各位青少年朋友，你们长大后也要小心，借钱的时候千万别超出自己能够承受的范围。

欠债肯定是不好的吗？

被我们称为“金融机构”的对象中，有一半以上会从事发放贷款的业务，即通过让他人欠债来收取利息。以银行为首的各种金融公司的业务无非是以个人为对象出借资金。证券公司或保险公司也一样，看似不涉及贷款业务，实际上都在做。

从个体的角度出发，债务肯定是不好的吗？这不一定，毕竟确实存在需要借钱或者举债更方便的情况。这也是很难完全消灭这个世界上的贷款的原因。

打个比方，假设你有一笔六个月后到期的1000万韩元存款，这是你花费好几年时间存下来的一笔大学学费。不过现在马上就要缴纳学费了，而你手中的现钱不太够。如果取消这笔定期存款，利息就会受损。这时贷款就发挥作用了。你可以先向银行申请一笔不超过1000万韩元的贷款，把学费交上，六个月后再取出存款还掉这笔贷款。按5%的年利率算，1000万韩元借六个月，共要支付25万韩元的利息，尽管这也是一笔不小的数目，但还不至于无法承受。

不过，并非所有人都能如此明智地使用贷款，由于欠债而陷入恶性循环的案例反而更多。最典型的是那种未来不会有任何收入，仅仅因为现在钱不够花而跑去借债的人。这样借走的钱会在将来某个时刻，转变成沉重的负担压在借债人的肩上。这和船遇险时船员由于口干舌燥去饮用海水是一个道理。喝下海水的那一刻确实能解渴，但用不了多久，就会感到更加口渴，如同要死去一般。没钱还债的人一旦欠债，连利息都无法正常偿还，最终要还的金额将如同几何级数一般疯涨。这也被称作“死循环”。

那些不清楚自己何时能有收入却跑去借债的人中，有一部分人也确实是无可奈何。最典型的例子莫过于申请教育贷款的大学生。最近在韩国，申请教育贷款的大学生的数量也在不断攀升。不过美国的情况更为严重。绝大部分美国大学生需要自己交纳大学学费，同时进入大学后，他们需要离开家人独立生活，因此要自理的不仅有学费，还有生活费。

美国大学的学费大概是多少呢？知名私立大学，一年要交 6000 万 ~ 7000 万韩元的学费，州立大学也不便宜，基本也要交纳接近 6000 万韩元的学费。如果再考虑到住宿费、书本费和餐饮费，无论再怎么节省，一年也要多花 2000 万 ~ 3000 万韩元。因此，一年要耗费将近 1 亿韩元。如果上的是四年制大学，那就要花大概 4 亿韩元。

美国人生活水平再不错，对于他们，这

也不是一个好应付的金额。按 2016 年的标准，美国的人均国民收入约为 5600 万韩元。即使夫妻都有工作，一年的收入也只有 1.1 亿韩元。

因此，一般的美国家庭无力承担子女上大学的教育费用。所以在美国，收到哪所大学的录取通知书并不重要，收到哪所大学的奖学金更为重要。没有奖学金，在美国上大学是相当不容易的。

但并非所有美国大学生都能获得奖学金，此时他们就会申请教育贷款。2016 年美国白宫发布的报告称，美国大学生申请的教育贷款总额约为 1300 万亿韩元，平均每名大学生的基本负债金额达到 2000 万韩元。考虑到有些学生由于获得了奖学金没有债务，实际上每名负债学生的负担远远超过 2000 万韩元。他们大学一毕业，就要为偿还债务过上辛苦的生活。

那么教育贷款的利率是多少呢？上大学，是为未来进行时间和精力上的投资。为了交纳学费而申请的这笔教育贷款，并不是用来肆意挥霍的。考虑到这种值得嘉许的含义，难道不应该多给些优惠吗?

但事实并非如此。比起其他贷款，教育贷款的利率偏高，低的为一年6%，高的能达到10%。

为什么会这样?原因就是大学生的信用等级不高。仔细思考一下，大学生的信用等级不可能会高。他们本来就没什么钱，而且因为还是学生，也缺少定期的收入，正处于花钱的阶段。在放贷的银行看来，他们正是最危险的那群人。

银行在放贷的时候会想:“如果是有能力还钱的群体，哪怕少收点利息，也可以给他们发放贷款，反正多少还有利息可收。而对于没有还款能力的群体，就需要提高利率。如果收不回本金，还可以多收点利息来弥补损失。利率高了，就只有那些真的急用钱的个人或公司才会来借钱。”这种想法也反映在财务教科书中。还不了款的风险越大，需要支付的利息就越高。

倘若借款的主体是公司，那些看着越是危

险的公司，银行要求的利率越高。这并没有错，反正公司也只是人们使用的一种工具。公司的行为是所有股东共同的决定。公司的股东为了将自己的损失控制在一定范围内，会尽可能通过负债来冒险。因此，为了不让他们负债太过严重，有必要用高利率来约束他们。

但如果是个体的话，就有些不同了，不能因为个体经济能力有限就放任个体破产。在古代，如果无法还债，就会被迫变成奴隶或者被贱卖。现在虽然不至于这样，但如果无法还债，仍然会遭遇大麻烦。越是在经济状况不好的情况下，银行越会提高贷款利率，贷款就会变得越难以偿还，最终个人只能面临破产。以美国 2013 年的标准，无法偿还教育贷款的人远远超过 700 万名。

或许应该区别对待个体的贷款和公司、国家的贷款，可以根据需要完全不收利息或大幅降低利率。还可以以社会保险的形式，直接给予补助金或提供优惠。不过，为了不让申请者乱花钱，应该好好分辨申请目的和申请对象。

这个资金不应该成为单纯的借款，而应对其用途加以限制。好好利用技术，这些都是可以做到的。

正如目前所讲到的，债务相当危险，但也有人主张并非如此。在他们看来，如果不能回到没有债务的世界，那举不举债就只是个人问题。这样讲的人无一例外地要么在金融公司上班，要么以经济学为本业，只有人们借钱，他们才能挣到工资。虽然不可轻信他们说的话，但十分有必要思考一下这番话的依据。

这个依据首先就在于，在整个社会体系中，存在一些要耗费大量资金的行业。被称为基础设施的机场、铁路、公路、上水道和下水道、水坝以及发电站等，就是最典型的例子。如果将这些行业交给特定的民营企业，企业规模就会太大。因此公共性质强的项目，国家一般会直接出面建设。如果国家已经积攒了很多资金，那么可以直接利用这个资金进行建设，但这种情况比较罕见。而如果等到征收到足够的税金才开始建设，则需要耗费大量时间。因此，国家通过举债来筹备资金进行基础设施的建设和维护，有其必要性。

同时，产业类型中有一种叫资本密集型的产业。所谓资本密集型，就是指在准备设备的过程中，需要耗费大量资金。典型行业如石油行业、炼铁行业和化学工业等。这些行业都要在开阔的地皮上建立工厂、配备昂贵且沉重的机械设备才能运转。因此，将这些产业交给民营企业白手起家，显然不太容易。如果国家判断这类企业能够创造出大量、优质的工作岗位，又能对国家整体经济发展产生十分积极的影响，国家会直接出面建立公司或者从各个方面对民营企业展开支援。在这个过程中，万一企业无法偿还借款，国家甚至会出面作还款的担保。

当然，并非所有产业都属于资本密集型产业，同样存在一些劳动密集型产业，也就是比起钱更需要用到劳动力、更需要雇用人的产业。在工厂制作衣服的纺织业或者在百货商店接待客人那种单纯提供服务的服务业，就是典

建造公路或桥梁
需要借债。

型例子。

如果仔细了解过，你会发现，建公寓的建筑业和制造船只的造船业具有强烈的劳动密集型特征，因为这些行业不需要用到昂贵的设备，仅靠熟练工人的双手就可以完成很多工作。曾令韩国国民引以为豪的排名世界第一的韩国造船业，依靠的仅仅是焊接技工的力量，并不具备生产高附加值的核心零件技术。劳动密集型产业不需要耗费大量钱财，理应毫无负债才是。话是这么说，但依然有些公司贸然负债无数，这就是问题所在。

技术密集型产业或知识密集型产业也是一样的道理。它们尽管需要高超的方法和以往积累下的经验，但并不属于资本密集型产业，尖端生物、IT、机器人、人工智能等就是这类例子。不需要大规模的资本或大量的人力，拥有多位聪明之士才是关键，正是这些产业最大的特征。

综上所述，需要通过举债来确保大量资金的产业毕竟只是少数。同时，在大多数情况下，国家会直接出面负责这些工作。因此，债务只能在一定的范围内发挥作用。

但是个体举债就完全是另一回事了。对于那些没有能力还债的人，以高利率将钱借给他们，这是错误的。我认为，如果某些人需要经济上的帮助，不应该将钱借给他们，而应该直接给予他们帮助。

也许有人会想：“那有能力还钱的人借钱，应该就没问题了吧？”这里也存在两个问题。第一个问题是那些已拥有足够钱财的人本可以使用自己的钱实现正常生活，却偏要借钱，这会使信用货币的数量随之增多。信用货币越多，物价就越往上涨，最终就出现了不希望出现的结果。

第二个问题是有人利用借款进行所谓的“投资”。不用自己的钱而是用借来的钱进行投资的人，自然期望能在投资中获得收益，他们相信自己投资的资产价格会在将来的某一天有所上升。但他们的希望并没有那么容易实现，原本期待能够上升两倍，结果只上升了一丁点儿的情况也有。

打个比方，有个人自己原本拥有1亿韩元，又额外借了1亿韩元，他将这2亿韩元拿去作了投资。这笔钱既可以用于购买股票这样的金融产品，又可以用于购买房地产。买的时候，这个人自然是期待价格能往上涨的。

但如果投资的资产价格减半，会怎么样呢？2亿韩元会缩水成1亿韩元。这个人如果还掉了借来的1亿韩元，自己就一分钱都不剩了。再加上还有1亿韩元的利息没有还清，一个好好的人，一下子变成了失信被执行人。如果没有举债，这些事情就都不会发生。

不惜举债来投资的这群人之所以会蒙受损失，是因为未来的不确定性。不管金融公司对投资产品作何种担保，结果也经常不会朝这个方向发展。实际上，承诺能有多少收益这种话术，放在全世界任何一个地方都是违法行为。空口无凭本身就已经是一种诈骗了。面对这种不确定性，还想用借款再多赚点钱，是非常危险的行为。

如果将这两个问题进行合并，你会发现，情况会变得更加严重。完全不需要借款的人，无端背负了大量债务。银行因为这些人说自己有能力还款，又提供了相当低的贷款利率。贷款利率越低，借钱的人就越多。这些人拿着借来的钱左右资产市场，导致资产价格暴涨。而正常生活的普通人，看到这些非正常上涨的资产价格，会陷入一种相对剥夺感，以至于连想要购买一间住房都有心无力。最终大家都无心工作，沉迷于以投资为名的金钱游戏。历史已经证明了这样做的结局，那就是步入 16 世纪西班牙的后尘。

第三章

金融市场上的投资和投机

投资和投机
有什么不同？

投资，是大家听金钱和金融的故事时一定会听到的一个单词。媒体和金融公司总是太过张扬，所以我们不知不觉间也开始关注了起来。貌似很多人通过投资赚了很多钱。资本主义社会向来鼓励投资。

还有另外一个词叫“投机”。投机所做的事看似和投资一样，听起来却有点负面意义。也许正因如此，没人会说自己所做的事情是投机，大家都说自己是在“投资”，反过来却经常批评别人的行为是投机。因为大家都认为自己做的事没问题，而别人做的事应该被指责。这种形式的区分对谁都没有任何帮助。

我们可以从称呼行为者的词语中，极其清晰地了解到人们分别是怎么理解投资和投机的。从事投资工作的人是“投资人”，而从事投机工作的人则是“投机分子”。“投资人”听起来像是在从事很不错的工作，而“投机分子”却容易让人联想到诈骗犯。通过这个，我们也可以知道投机绝对不是什么正面的事情。

投资和投机这两个词全部译自英语，投资源于 invest，而投机则来自 speculate。但要想找出区分投资和投机的方法，则十分困难。因为没有一本书会将二者进行明确的区分，甚至大学教材里都只有模糊的说明。

投机在字典里的含义是“利用时机谋取私利”。这和人们对投机本身具有的一般想法没什么显著区别，下面举例说明。

有一些人，没有住房需求，却买下了公寓的转让权，他们想先将房子买下来，再通过高价转卖来赚点钱（当然这样做也有可能是因为无法卖到一个合理的价格而蒙受巨大的损失)。这类人多了,就会连累到有实际住房需求的人,因为他们平白无故要花更多的钱才能买到房子。

黄牛党做的事情也没什么不同。票的数量是固定的,借用经济学术语来说就是,供给是有限的。反之,想到现场观看一场重要比赛的人数则远远多于票数。打个比方,如果是韩国职业棒球联赛,会有比棒球场座位更多的人蜂拥而至。经济学中把这称为“供不应求”。

黄牛党抱着高价倒卖黄牛票的想法,先买了票,再荒唐地以高价进行倒卖。而买不到票的十分焦急的人们,只好勉为其难地找黄牛党买票。黄牛党预先购入的票越多,通过正常渠道买不到票的人就越多,结果就是票价暴涨。因为这种行为是错误的,所以警察经常会对黄牛党进行管束。

有趣的是,金融公司或金融学教授讲的投资和上面讲的这种行为并没有什么太大的差别。仔细看下投资的解释,会发现字典上是这样写的："为达到一定目的而投入资金。"购买房屋转让权再卖出或者提前购票再高价转卖，这些不都是为了获得将来的利益而投入资金吗？其实说到底，投机和投资是完全相同的行为。

"投机和投资是相同的"这个结论其实非常合乎逻辑，不过金融公司却想否认这个事实。金融公司做的事，要么是直接参与投机来赚钱，要么是帮助别人投机来赚钱。无论哪一种，金融公司都会强调自己做的事不是投机，而是投资。但这些事从本质上来看，就是投机。

几年前，我曾经定过一个区别投资和投机的标准。我想，其他书上的定义实在太不令人满意了，要不我自己来树立一个标准。其一，没有借钱，百分之百用自己的钱来购买某种商品；其二，这些钱可以全部损失，但不能损失比这更多的钱。交易行为如果能同时满足这两个条件就属于投资，剩下的交易行为则应定义为投机。

不过由于我不间断地在思考这个问题，最后发现这个标准也不够完美，因为是否借钱，或者时间长短都只是次要问题，不是根本条件。

实际上，“投资”这个词也包含不同于上面所讲的其他含义。打个比方，假设大家正在为了自己的未来努力做着一些什么事，既有可能是学习，也有可能是其他事情。这些行为本身，就属于真正的投资。

再思考一下，某些公司为了开发新的产品和技术而拼尽全力。虽然无法立刻产生收益，但工程师们努力投入开发的过程，准备必要的设备装备，这些全都是投资。因此我们可以知道，不是一定要投入资金才算是投资。投资的核心不是金钱，而是努力。因此区分投机和投资不应该看是否花了钱，而应该取决于是否付出了金钱之外的实质性努力。

投资和投机都是为了获取未来收益而做出的行为。但人们做的大部分事情不都是为了达到这个目的吗？因此是否对未来抱有期待，不足以成为区分二者的标准。如果只投入了金钱，那就是投机；如果投入金钱的同时还付出了有意义的努力，那就是投资。

那么请大家来思考下面这些行为属于投资还是投机。一个人去了赛马场，听到周围的人都在窃窃私语第三匹马将会获胜，如果在第三匹马身上下注，就能收回十倍的钱，因此他/她就下了注。这都不需要多加说明，肯定属于投机吧？因为这只是抱着赢钱的期待买入赛马彩票而已，并没有做其他事。

一起来看另外一个例子。有小道消息传出某个小区的房价将会上涨，因此一个人即使毫无住房需求，依然负债买下了那个小区的房子，等到房价上涨，就把房子卖掉。这属于投资，还是投机呢？当然是投机。因为这是为了利益而投入资金，缺乏有意义的努力。

再来看下一个例子。金融公司的工作人员热烈地讨论某家公司的股价将会上涨。当然即使股价下跌，金融公司也不会负任何责任，如果他们说自己会对此负责，就属于非法行为。当股价真正下跌时坐视不管的案件，过去实在

投机

投资

发生了太多次了，所以国家早已立法完全禁止了这种行为。不管怎么说，有些人听信工作人员的话，最终买了股票。这是投资吗？按照之前的定义，绝对不算投资。除了钱之外，并没有投入其他东西，因此自然成了投机。

最后再来看一个例子。如果是把钱借给别人呢？按照前面的定义，借钱给别人也不算投资。除了关心是否能够准时收取利息，借钱的人并没有其他行为。购买债券也是一样的道理。购买债券这件事，之前也讲过，是将钱借出去，再收到凭证，最终也算借钱给别人，因此也属于投机。

总的来说，金融市场上开展的所有交易，实质上都是投机。购入股票，坐等股价上涨自然也算投机。

会不会有人问，那买入股票后，再进行人为操作促使股价上涨，算不算一种投资行为呢？这是比普通投机性质更加恶劣的操纵股价行为，会受到法律制裁。

股票、债券、基金？
一个都不认识。

人们害怕金融大概有两个原因。第一个原因是认为金融必然要跟数字打交道，这个世界上有不少人觉得数字很难、很不方便。一旦觉得数字很恐怖，那连不得不使用数字的金融也一并觉得困难了。

第二个原因是陌生的金融术语实在太多了。特别是和金融相关的词汇，很多时候听了也无法理解其中的意思。其实了解过后，你会发现一些简单的行为，非要平白无故地表达成艰深晦涩的词汇，这真是金融行业的一大陋习呀！滥用一些无所谓的英文缩写，就属于这种例子。这完全是金融公司的责任。

金融知识和努力是成正比的。努力去了解，就能了解到更多。这个世界上，不存在不努力就能获取的知识，这在任何一个领域都是一样的。

不过普通人难以判断到底要了解金融到何种程度。放在股票、基金、债券之类的金融产品上，也是一样的道理，因此在那些天天嚷嚷着哪只股票好、哪只基金表现差的人面前，就莫名容易表现得有点畏畏缩缩，“难不成只有我不知道”的担忧也悄悄浮上心头。

提前了解每种金融产品的基本原理和特征，明显是有帮助的。哪怕不一定购买金融产品，也没什么坏处。那样的话，大多数情况下，你可以惊讶地发现那些假装自己很懂金融的人，实际上是错误的。

同时也没必要因为自己不明白就畏畏缩缩。一旦清楚自己不知道，从现在开始付出努力即可。下定决心去了解，很快就能搞明白了。事实上，深入了解之后，你会发现金融产品的基本原理也挺简单，向别人借钱、借钱给别人、买卖金融产品，这些就是金融的全部内容了，没理由连这种程度都不能理解吧。

更加要注意的是自己明明不懂还要行动的情况。指的就是自己都没有好好了解某个金融产品的特征，单单听信他人或金融公司的话就进行投资的行为。这种情况一般都不会有好的结局，很容易遭受意料之外的损失。

因此，如果实在不懂，还是不要盲目入手，这样至少不会蒙受重大损失。如果对特定的金融产品感到好奇，就得详细了解具体内容。只有了解得够充分，才能决定是否要投资那个金融产品。

那么让我们一起来看一下股票、债券和基金的基本特征。了解了这个，就能避免一些荒唐的损失。

首先让我们来聊一下股票。前面提到特朗普的故事时，也涉及股票的相关内容，这里再深入说明一下。所谓股票，就是指公司的股份。一开始成立公司的时候，交了多少资金，就能相应获得多少股份。如果持有一半以上的股票，就可以随心所欲地作出公司的重要决定，比如要选谁当总经理，要生产什么产品，或者要在哪里建工厂，等等。

公司的股票是可以被交易的。金融公司，特别是证券公司的工作中，占比最大的一个业务，便是劝说人们购买不久后股价有可能上升的股票。当然证券公司推荐的股票也不一定就会上涨。

大家比较了解的公司，像三星电子的股价在 2017 年 12 月时就超过了 260 万韩元，但在 2003 年时也不过只有 30 万韩元左右，如果在 1998 年亚洲金融危机前后，仅花 3 万韩元就可以买到了。如果当时购入三星电子的股票并且一直持有，手里的钱就会变多。

反之，如果以低于买入价格的价格卖掉股票，就会受损。打个比方，因 Playstation 等游戏机或电子产品而出名的日本索尼的股票，2000 年年初的时候要花 150 美元才能买到。

当时由于“IT 泡沫”，只要是和 IT 有关的股票，股价就被定得非常高。但索尼的股价在那之后无止境地下跌，到 2012 年年末就降到了 10 美元。2017 年 12 月的时候略有恢复，回升到了 44 美元。

其次是债券。债券是某家公司承诺何时偿还多少钱的凭证。债券也可以拿来交易，如果低价购入、高价卖出，价格相差多少，就可以赚多少。反之，如果高价买入、低价卖出，就会有损失。公司债务越多，生意越差，债券的价格就会越往下跌，因为公司倒闭的可能性也确实越大。

人们都觉得股票容易理解，而债券比较难。最大的原因在于，股票的交易价格易于进行直观对比，而债券则不行。操作债券的经纪人在进行交易的时候，不谈价格，只谈利率。他们会根据自己内部惯常制定的规则来计算利率。因此了解这些规则的人并不觉得债券有多难以理解，而普通人就完全理解不了。

举个简单的例子。假设有一只 1 年后承诺要归还100本金的债券A。假定A现在的价格为95，也就是说，现在以95的价格买下A，1年后会得到100。按照一般的存款利率计算方式，用5除以95，就能算出这只债券的年利率为5.26%。不过债券市场上将此称作“折价5%发行”，也就是到期能获得的100，现在大家可以以5%的折扣，即95买到。

同时，债券种类不同，利率计算方式也完全不一样。因此即使5%这个数字一致，两只债券的收益率也可能不一样。接触某只债券的时候，一定要多询问这只债券的利率是如何计算的。如果金融公司不能好好回答这个问题，那还是别和这家公司进行交易为妙。

最后是基金。大家可以把基金简单理解为将股票或债券适当地混合在一起的期货箱子或篮子。像这样将金融资产整合在一起，称为投资组合。作为金融产品的一个种类，由基金经理打造的基金可以像股票或债券一样进行交易。代表基金价格的指数既会上升，也会下降。篮子里的股票和债券的价格上升，基金指数就跟着上升；反之，股票和债券的价格下跌，基金指数也会跟着下跌。

基金最大的特点在于，我们交钱买入基金的瞬间，投入资金的命运就取决于在资产运营公司工作的基金经理的实力了。也就是说，我们虽然有机会选择要买的基金，却无法决定基金里的财产的命运，这也算是一种“盲目投机”吧。当然基金经理中也有高水平的人才，但如果不幸选到水平差或者运气不好的基金经理，那么我们的钱最终就将变少。

下面的内容也适用于没有讲到的更加复杂的金融产品。如果有人跟你描述某只金融产品真心不错的时候，你一定要想：“那么好的东西，为什么你自己不买，却来让我买？”如果那个金融产品真能产生收益，自己静悄悄地买下不是更好吗？一定要有这样的合理怀疑。我这里有一个好问题，建议丢给那些劝大家买金融产品的人：“你也会给自己的家人推荐这个金融产品吗？你也会和自己的家人作这个交易吗？”

这世上不存在完全避免在金融市场上投机出现损失的方法。金融产品的价格既可能上涨，也可能下跌。价格下跌受损的可能性被称为风险（risk）。如果无法对上面这两个问题给出有说服力的回答，那就没理由去冒这个险。因为对方都不想做的事，我们也没有理由一定要做。

供求法则
在金融市场里
也是成立的吗？

所有金融产品都可以成为被交易的对象。我们把买入卖出物品的行为称为交易，把发生交易的地方称为市场，因此交易股票、债券、基金等金融产品的市场就成了金融市场。

市场是经济学领域相当看重的一个对象。说到市场，大家是不是容易联想到传统市场？但并非所有市场都和传统市场长得一样，最直接的例子就是在网络上达成交易的电子商务市场就不存在物理性的场所，因此将发生的交易本身形容成“市场”会更加准确。同时，市场不可能由单个人组成，只有同时存在卖的人和买的人，才能产生交易。

或许绝大部分人都听说过“供求法则”，这也是经济学家最为看重的法则，在教科书里也有出现。请大家试着回忆一下具体内容。市场上同时存在要卖东西和要买东西的人。要卖东西的人被称为供给者，要买东西的人被称为需求者。要卖的物品的总量被称为供给，要买的物品的总量被称为需求。

从这一刻开始，我将以大家能够实际感知的对象来说明供求法则，这个对象正是足球。如果不怎么喜欢足球，那就想象成自己想穿的衣服或其他大家喜欢的物品。

足球的价格随种类不同而不同，既有 1 万韩元起步的，也有超过 10 万韩元的。我们就拿卖 5 万韩元中间价的足球来举例好了。一个足球卖 5 万韩元，就意味着对足球的供需刚好在 5 万韩元这个价位达到了平衡。

那么现在思考一下足球的价格上升到了 6 万韩元的情况。可能是因为生产足球的工厂出了点问题，生产的足球数量有所下降；也有可能是由于卖足球的人为了多获得收益，抬高了价格。

不管是哪种理由，在想要买足球的人看来，5 万韩元还好，6 万韩元就有些贵了，他们并不想花这个钱，于是买足球的人数就相应减少了，即所谓的需求下降。那么会发生什么事呢？买足球的人一旦变少，足球也就卖得不好。卖的一方哪怕降价也想把足球卖出去，就这样，价格再次下跌，最终足球的价格重新回到了 5 万韩元。

反过来也是一样的情况。假设生产出来的足球数量太多，价格跌到了 4 万韩元。想买的人尽管十分开心，但卖的一方却因为利润太低，降低了产量。供给一旦变少，价格就往上涨，最终足球的价格回升到了 5 万韩元。

通过这个过程我们可以了解到，这便是经济学中尤为重视的“供求法则”或“市场规律”。足球的价格有机会重新调整为 5 万韩元，正是由于市场上存在着能够左右价格到达均衡位置的“供求法则”。同时无论是什么，只要交给市场去调节，最终都会带来有利于整个社会的最佳结局，这就是市场规律。供求法则和市场规律只是表达方式不一样，实际上内容是相同的，即市场拥有找回合适价格的能力，交给市场去做才是最佳选择。

经济学家认为首次提出这个市场规律的人，是英国的亚当·斯密。“看不见的手”这个词相当有名，其内涵是倘若人们各自追求自己的利益，一双“看不见的手”就会自动创造出最好的结果。正因为如此，经济学家才主张切勿干涉市场。

不过问题就在于，市场也不都是一样的。前面已经了解了足球市场，现在来看一下股票市场。假设某只股票的价格由原先的 5 万韩元上升到了 6 万韩元，那会发生什么事呢？根据刚才所说的供求法则，价格会再次跌回 5 万韩元吗？

类似股票市场这类金融市场，基本上都是发生投机的地方。交易股票的人都是为了获得

股价上涨了！
一定要买！
唉，炸鸡价格上涨了呢！
不如一起吃橡子吧。

收益。如果某只股票的价格上升，大家就会想“啊，看来发生了什么我不知道的好事”，然后买入股票。也就是说，股票需求一下子增多。需求越多，股价越往上涨。比起跌回 5 万韩元，股价更容易继续上涨到 7 万韩元或 8 万韩元。

反过来也是一样的道理。原先卖 5 万韩元的股票如果跌至 4 万韩元，人们就会想“看来发生了什么我不知道的坏消息”，然后将股票卖出。也就是说供给一下子变多，那价格自然就往下跌。

这样看来，供求法则在股票市场上并不成立。在金融市场里，比起回归稳定的均衡价位，反倒容易出现反复无常的暴涨或暴跌。投机市场上，无论是哪个对象，价格都不会稳定。“看不见的手”能够发挥作用带来最佳的结果这种话，并不适用于这种市场。

像生产足球这类产品的实物市场，明显就有一双“看不见的手”，但这个市场也不完美。打个比方，亚当·斯密就非常深刻地批评了垄断企业，因为这些企业将大多数国民当作牺牲品，只顾追求自身的利益。

再想想那些排放有害物质的工厂，如果放任不管，工厂就会肆无忌惮地排放有害物质，因为配备处理有害物质的设备需要耗费大量资金，公司的利润就会相应减少。而排放有害物质的损失，将由所有人买单。因此，唯一的解决方法就是由国家出面进行管控，让这些企业务必安装上处理设备。这样做会产生安装处理设施的费用，因此工厂可以适当提高产品价格。尽管如此，这也远比生病和死亡的结局好多了吧！

什么是韩国综合股价指数和科斯达克？

大家听过韩国综合股价指数（KOSPI）或科斯达克（KOSDAQ）这两个词吗？关注股票市场的人，会知道KOSPI是一个非常重要的指数；反之，对股票市场不感兴趣的人，则不会知道什么是KOSPI。哪怕知道三星电子或现代汽车的人，也会觉得KOSPI和KOSDAQ听起来像陌生的外星语一样。

或许用比喻来说明会更好。大家可以想象一下自己喜欢的偶像组合，成员少的时候有四个人，多的时候甚至超过十个人。在日本甚至有一些偶像团体，会通过投票选拔数十名成员，再给他们定好排名。

偶像组合的名气并非都是一样的，既有受欢迎的组合，也有连续好几年都只是停留在希望之星或黑马位置的组合，同样也存在毫无人气最终只能以解散收场的组合。同一个组合里的不同成员，人气也是千差万别。和某些人气高的中心人物或队长能够单独活动相比，自然会有一些没什么存在感的成员会听到“你也是那个组合的成员吗”这种话。

大家喜欢的偶像组合或成员各不相同，和朋友也会聊起自己最喜欢谁、第二喜欢的是谁、过去喜欢谁但现在不怎么喜欢了……娱乐综艺节目里也会对偶像组合成员进行人气排名。过去排名低的成员名次有可能会上升，同样也会发生相反的事。偶像组合整体的知名度和排名是每个成员名气相加的结果。既有可能是所有成员都有着平均水平的知名度，使得这个组合的人气很高，也有可能是其他成员的知名度很低，但某一个成员十分出名，使得整个组合排名靠前。

如果将每个公司的股票都理解成某个偶像组合的成员，那么理解起股票市场来就容易多了。和组合成员人气高带动组合整体排名上升一样，公司的知名度高了，股价就会相应地上涨。反过来，成员的知名度低，会导致组合整体排名下跌，公司的人气一旦下降，股价就会下跌。曾任英国公务员的约翰·梅纳德·凯恩斯针对这个现象评价道：“股票市场和选美大赛没什么不同。”

KOSPI 或 KOSDAQ 这类股价指数，不应该看作个别成员的知名度，而应该看作偶像组合整体的知名度，因为股价指数是将股票市场上进行交易的所有股价进行合并后创造出来的指数。正如偶像组合的人气排名是各个成员知名度的总和一样，股价指数是将在相应股票市场上进行交易的所有公司的股价进行适当平均后创造出来的数字。因此个别股票价格的上升或下降，将使得股价指数出现上升或下降。

KOSPI 和 KOSDAQ 都是韩国的股价指数，

但这两者也有不同点。KOSPI 反映的是交易大家熟知的大部分公司股票的股票市场，像三星电子或现代汽车这类公司。反过来，KOSDAQ 是 KOSPI 之后出现的，主要是为成立没多久的公司或者 IT 相关公司服务，像 Interpark 和 YG 娱乐等公司就归属于 KOSDAQ。

有很多公司过去是在 KOSDAQ 进行交易，现在则移到了 KOSPI，比较具有代表性的有现代重工业、Naver Hangame、韩亚航空公司等。也就是说，没有哪家公司能同属于 KOSPI 和 KOSDAQ。

当然，也不是所有公司的股票都会在 KOSPI 或 KOSDAQ 上进行交易。如果公司规模比较小或者还没产出利润，该公司的股票就不会被 KOSPI 或 KOSDAQ 股票市场所接受。如果某家公司能在 KOSPI 或 KOSDAQ 上进行交易，意味着该公司已经在某个水平之上。

反过来，也有一些企业虽然已经充分符合 KOSPI 或 KOSDAQ 的准入标准，但股东们决定暂时留作个人企业。在股东们看来，进入

KOSPI 或 KOSDAQ 虽然有很多好处，但同样存在麻烦的一面，其中最典型的是每个季度都要向大众公开企业的工作进展和盈利状况。如果公开的数字太过荒唐，还会因此进监狱。

人们之所以关注 KOSPI 这类股价指数，是因为这个指数反映了韩国股票市场的整体价格。一部分人认为，比起预测个别企业的股价，预测整个股票市场的价格会更加容易。不过未来价格的不确定性这一点，不管放在个别公司的股票还是放在整体的股票指数上，都是一样的，因此不能百分之百轻信股价指数更安全的言论。

世界各国都有代表本国的股票市场指数，如果说韩国有 KOSPI 的话，日本就有 TOPIX，新加坡就有 SGX，中国就有上证综指。英国、法国、德国等国也各自拥有本国的股票市场指数。

拥有世界上最大的股票市场的国家自然还是美国。美国有纽约证券交易所（NYSE）和纳斯达克（NASDAQ）两个股票市场。除了这两个地方，每个主要城市还运营着自己的股票交易所。美国的股票交易所数量多，因此不像其他国家一样，将整个股票市场构成一个股价指数来使用，而是使用很多仅由某些大型且重要的公司构成的独立指数。创造指数本身就是一种好的赚钱方式，因此很多股票交易所都会创造指数。股票交易所还会从使用该指数的公司那里收钱。很多指数也会被放在一起使用。

大家听过的美国股价指数应该就是道琼斯指数了。因为每次新闻报纸上讲到美国股票市场时，都会先提到道琼斯指数。道琼斯指数的历史足足超过了100年。19世纪后期，由查尔斯·道和爱德华·琼斯创立的道琼斯公司发行了美国经济报刊《华尔街日报》。因此道琼斯指数也算是报社创造出来的指数了。

那么在回答问题之前，我们不妨先来了解一下道琼斯指数到底有多高。按照2017年12月的标准，道琼斯指数超了24000点。与之相比，韩国的KOSPI指数则在2400～2500点浮动，也就是说，美国的股价指数是韩国股价指数的十倍左右。

不过这种比较毫无意义，因为如果改变股价指数的计算方式，韩国的股价指数也能在数字上超过美国。股价指数会受股价指数的基准点从哪里开始算起、基准点指数是多少等因素影响。

打个比方，KOSPI 指数的起始基准点是在 1980 年 1 月 4 日，最初的指数值为 100。也就是说，到现在为止，KOSPI 涨了 20 倍以上。不过并没有任何规定说最原始的指数值一定要是 100，这取决于创造股价指数的一方。如果用 1 万取代 100 作为原始指数值，现在 KOSPI 指数值早已超过 20 万了。

如果要对比不同国家的股价指数，不应该看绝对数值，而应该观察其在某段时期内的变化率。A 股价指数值从 1000 上升到 2000，而 B 股价指数值从 15000 升至 20000，显然 B 上升得更多。

不过股价指数的变化率也会因时间点取值

不同和取值时间长短不同而出现千差万别的结果。如果过于相信过去几年间股价指数升了多少这种话，很容易掉入陷阱，因此要多加小心。

为什么每次换汇的汇率都不一样？

第三章我给大家讲的是金融市场的内容。到目前为止，我主要讲的是股票市场。实际上股票市场只不过是金融市场的一小部分，前面讲的交易债券的债券市场和交易基金的基金市场，也是金融市场的一部分。债券市场其实比股票市场更大。如果说股票市场的大小为 1，债券市场则大概是 10。

不过还存在一个比债券市场更大的金融市场，那就是外汇市场。按照字面意思，外汇市场就是交易外国货币的市场。如果说债券市场的大小为10，那外汇市场就大概是100。从规模上看，没有其他金融市场能超越外汇市场。外汇市场是世界上最大的金融市场。

全世界的外汇市场中，交易最多的货币是什么呢？正如大家预料的那样，正是美国的美元。其次是欧元、日元和英镑。韩国货币的交易率大概是1%多一点。尽管交易量不大，但考虑到韩国经济规模的排名，这个量既不算多，也不算少。

外国货币的价格被称为汇率。假设买入1美元需耗费约1100韩元，就可以表示为“美元：韩元=1:1100”。假设买入1元人民币需耗费约170韩元，表达成汇率即为“人民币：韩元=1:170”。

大家会关注汇率，多是在银行换汇的时候。假设一个月后，你要去美国旅行，你准备带上1000美元现金。你去银行，银行的工作人员会跟你说，今日的美元兑韩元汇率是多少。我们是无法改变汇率的，因此你只能照着银行所说的进行购买。

乍一看，好像是银行在规定汇率，但实际上，银行无法随心所欲地规定汇率。汇率是由外汇市场决定的。正如股票市场里的股价是由股票的交易来决定的一样，汇率也是根据外汇市场里外国货币的交易量决定的。股价每天都在变，一天之内也会不停地发生变化，汇率同样如此。

全世界的外汇市场里有数十家银行在不断地进行外国货币的交易，因此汇率也在不停地发生变化。昨天的汇率肯定和今天不一样，明天的汇率肯定也会不同。如果离旅行出发还有一个月，那么在这个月里，大家购入 1000 美元时要花多少韩元就将取决于时机了。

很多人认为汇率天然是由外汇市场决定的，但并不一定如此。过去，国家会直接规定好外国货币和本国货币的兑换比率，国民只能按照这个比率交易外国货币。这个交换比率也慢慢发展成了固定汇率。不只一两个国家，包括美国在内的各个国家，在超过数十年的时间里，都运行着这个制度。但由于市场主义者

“应该由市场来决定所有的东西”的呼吁渐渐获得了声量，因此造就了现在这个每天都会改变的汇率系统。

不过也并非所有国家都会将汇率全权交给市场。很多国家会以各种直接或间接的方式介入外汇市场，以让国家能够掌控本国货币的汇率，同时对货币的流通进行统筹，不让外国货币随意流入国内。

这样做正是因为汇率会对一个国家的经济产生莫大的影响，尤其是进出口比较多的国家，受到的影响更大。从国家的立场上看，汇率太高是问题，太低也是问题；变化太快麻烦，变化太慢也一样令人头疼。反之，也不是所有国家都会因汇率的变化而受到重大的影响。像美国这种出口不多、大部分商品能够实现自给自足的经济体，就不太受汇率变化的影响。

在聊到汇率为什么会对一个国家的经济产生巨大的影响之前，让我先给大家讲一下汇率的高低问题。以不同的对象作为高或低的标准，会出现完全不同的故事，因此常常让大家感觉很混乱。打个比方，如果美元对韩元汇率从 1∶1100 变为 1∶1200，我们会说汇率上升了，因为数字本身变大了。反过来，这也意味着相比美元，韩元的价值下跌了。以前花 1100 韩元就可以买到 1 美元，现在要花 1200 韩元才行。也就是说，汇率上升，美元价值上涨，同时韩元的价值下跌了。

如果美元对韩元汇率上升，韩国制造的商品的美元价格就会下跌。打个比方，A 商品的价格是 2000 韩元，当美元对韩元汇率为 1∶1000 时，A 的美元价格就应该是 2 美元。但当汇率上升为 1∶2000 时，A 的价格就降为 1 美元。也就是说，原先卖 2 美元的商品现在卖 1 美元了。价格便宜了，就可以出口更多。站在想要多出口的韩国立场上看，汇率上升显然更有利。

反过来，如果美元对韩元汇率下跌了会怎么样？打个比方，原先 1∶1000 的汇率下跌至 1∶500，那 A 商品就要卖 4 美元了。价格高了

快！快！多买点！
100$
U.S. Dollar
出口
汇率上涨了呢。进口橡子变得有些困难了。
10만원
KOR Won
进口
即使卖出了很多，也没剩下多少钱呢。
100$
U.S. Dollar
出口
多亏汇率下跌，可以更便宜地进口橡子了。
10만원
KOR Won
进口

两倍，出口就会受到特别大的冲击。正因为如此，比起汇率过分下跌，韩国这边更希望汇率多少能够上升一些。

但这还不是全部。韩国不仅出口，也进口，像石油之类的原料，只能通过进口来获取。假设有一款进口的B产品，一个卖1美元。当美元对韩元汇率从1∶1000上升至1∶2000，B的价格就会从1000韩元上升到2000韩元，价格上升了两倍，就无法再像以前一样进口了，或者要多花点钱才能购买。因此当美元对韩元汇率上升时，在负责进口业务的人看来，情况就变得糟糕了，这和负责出口的人刚好持完全相反的看法。这也是不能从单方面对美元对韩元汇率上升进行肯定的原因。

过去发生的多次金融危机，都和汇率有着极深的关系。1998年所谓的IMF事件，正是伴随着暴涨的汇率浮出水面。2008年造成多家中小企业破产的KIKO案件，归根结底也是汇率的问题。这里的KIKO，指的是如果汇率发生变化就会遭受较大损失的金融衍生交易。

汇率上涨，用美元借的债务会立马成为问题。打个比方，如果美元对韩元汇率是1∶1000，那100万美元的债务就可以换算成10亿韩元。一旦美元对韩元汇率上升到1∶2000，同样是100万美元的债务，现在就变成了20亿韩元。一天之内债务翻倍，换成谁都无法承受。KIKO案件造成巨大损失的原因就在于此。

外汇市场真是血雨腥风的战场。无论如何夯实实体经济，如果汇率一直处于变化多端的状态，企业也难以承受得住。同时，评价外汇市场毫无规则可言也一点都不过分。在股票市场，人为操纵股价会遭受惩罚。但是在开放的外汇市场，本质上讲，国家是施展不了任何权力的。如有必要，国家会出面直接插手汇率，但让国家去管控谁或者处罚谁，按理是说不通的。

金融公司是怎么赚钱的？

关于“银行是如何赚钱的”这个问题，到现在为止这本书已经说过好多回了，其中一种方法就是贷款。从事高利贷业务的银行一开始是将自己拥有的钱出借。因为担心借钱的那些人不还贷，银行会扣下担保物品做抵押或者只将钱借给那些相对来说不大会赖账的人。前者的典型例子就比如莎士比亚笔下的夏洛克，出借 3000 杜卡特的同时，要割下借债人身上的一磅肉作为担保；后者的代表则是借钱给欧洲多个国王的高利贷者们。

不过将一大笔钱借给国王，是非常危险的事情。因为国王拥有政治和军事上的权力，经常不还钱。银行因为没能收回借出去的钱而倒闭的情况太常见了，最终高利贷者提出了既成为国家的一部分，又与政治权力保持一定距离的“中央银行”的概念。在这之后，银行拥有了将不属于自己的钱进行出借的权力。在“从无到有”这一点上，这算是一种“金融炼金术”。

银行的另一种赚钱之道正是换汇。正如前面所说的，低价买进外国货币再高价卖出，就能赚到大钱。即使是在21世纪的今天，外汇市场也是银行重要的收入来源。

尽管如此，银行还是有需要承担责任的，因为银行出借的并不是自己的钱，一旦无法收回借出去的钱，就会跟着一起倒闭。因此银行不会将钱借给那些没有还钱能力或没有还钱意愿的人和公司。正常银行最讨厌的就是不良贷款，银行最想避免的情况就是无法收回借出去的钱。

反之，证券公司的性质则有些不同。尽管银行和证券公司同为金融公司，但两者之间存在巨大的差异。证券公司是不会负任何责任的经纪人，即它们的身份是中介。

也许你会觉得中介这个词有点陌生。大家最容易理解的例子莫过于房地产中介了。人们买房子的时候，经常会去房地产中介，那里会介绍想卖房子的人。如果交易成功，房地产中介就会收到一定金额的介绍费。这里重要的一点就是，房地产中介只是帮助人们买到房子，中介本身并不持有任何房屋。

卖房子也是一样的道理。如果和房地产中介谈妥，他们就会给你介绍要买房子的人。经常会出现这种情况：卖方哪怕数量多，也想卖得贵一些，而买方会想尽各种办法以更低的价格购买。大部分情况下，双方希望的价格不一致，就不能达成交易。如果双方都很满意某个价格，那交易也就达成了。不过房地产中介无法知道未来有谁要来买房，房子在什么时候能够被卖出。房地产中介唯一能做的，只不过就是介绍交易或者牵线，然后收钱而已。

收到的这笔钱，被称为手续费。金融市场上到处都有手续费的影子。看似和手续费无关的银行，也会收取手续费。哪怕你提前还钱，也会被收取一笔叫“提前还贷手续费”的费用。银行本以为自己能在约定的期限内收取利息，结果却赚不成利息，于是就会借手续费之名来弥补自己的损失。个人在银行购买外国货币时，也需要支付一定的手续费，卖出的时候也一样。

不过对于证券公司，手续费就完全成了主要的收入来源。证券公司最大的一项业务，就是帮忙促成个人的股票交易，然后对此收取手续费。每个人支付的手续费看似不多，但由于交易量大，汇总后就成了一笔巨款。

证券公司尽管会帮忙牵线进行股票交易，但却不会对交易结果负责。它们声称自己仅仅是帮忙牵线，最终的责任落在投资者身上。股价上升或下降，全都取决于投资者的运气。

如果对比一般公司要负的责任，会产生一

种啼笑皆非的感觉。比方说，有一家汽车制造公司，这家公司自然会投放广告宣传自家汽车质量有多好。如果消费者购买的汽车出了问题，它至少会帮忙维修或者给换成新车才对。服务业也是一样。去餐厅点餐的时候，如果发现味道有点奇怪或者食物里出现了奇怪的东西，消费者可以要求退款。一般的公司会通过这种方式对自己提供的产品或服务负责。但是证券公司却否认这种责任。

不管做了多少回中介，证券公司也完全不会负任何责任，而且随着交易的增加，手续费收入也会不断增加。那会发生什么呢？证券公司会拼尽全力，努力增加交易量吧？这也是证券公司老是高喊要激活股票交易的原因。不过搞活股票交易这种话，就太将自己的内心赤裸裸地展现出来了，因此它会用“激活股票市场”或“扩大股票市场”这种表达来取而代之。很明显，证券公司的目标并非交易股票的顾客们的利润。即使顾客购买的股票价格下跌，依然有手续费进账，所以证券公司为何要

这我就不知道了。
我只负责收取手续费。
大家多多交易吧。
所以股价会上升吗？
金融公司

关心顾客有没有得到收益呢?

证券公司一方面声称自己是中介，不会对股票交易结果负责，但另一方面看到某只股票将来有可能上涨，又会力劝顾客购买。证券公司的从业人员中，有一群人被称为“股市分析家”，他们主要负责的业务是预测和研究股价的变化趋势。但比起预测股价下跌，他们更经常提交预估股价上涨的报告书。我浏览了过去某个时间段内的报告书，结果发现在 2 万份报告书中，只有一份报告书显示股价即将下跌，建议人们赶快卖掉。表面上看，这些人口口声声说要帮助投资者，实际上却只是充当一个鼓励人们多进行股票交易的啦啦队队长的角色。无论股市分析家推荐的是哪只股票，证券公司是不会对投资这只股票的结果负任何责任的。

证券公司一边帮忙牵线进行股票交易，一边不停地降低中介手续费。这是因为证券公司之间的竞争非常激烈，已经在下调手续费这件事上展开了自相残杀式的争斗。不过，手续费的降低产生了更多的交易，因此，尽管个人交易的手续费金额有所下降，但更早下调手续费的证券公司，收益反倒增加得更多。

与此同时，股票中介手续费的下调，也引发了另外的问题。最开始，股票交易者少交了手续费，好像获得了额外的收益。但是一超过某个限度，股市本身就暴露出了不稳定的特性。交易费用过低，交易过于简单，利用计算机进行操作的交易方法就泛滥成灾。

在应对股价变动的速度上，人是肯定无法赢过计算机的吧！号称 1 秒钟能够进行数百次交易的计算机“高频交易”，其比例一旦超过股市整体交易的一半，就会导致股价在短时间内反复出现暴涨和暴跌。不过无论如何，证券公司和交易所没什么好担心的，反而多亏了计算机能够在 1 秒钟之内进行数百次交易，它们还增加了手续费收益呢。

有一部分人提议，应该对使用计算机进行操作的交易加以管制，反之，也有一部分人主张只要交由市场就可以解决这个问题，无须进行管控。我自己是这么想的：适当的管控和介入有助于市场更加安全且公正地发挥其作用。

打个比方来给大家说明一下。假设有两间各有一扇门的大房间，每个房间内有数量相同的一批人。和房间大小相比，人的数量并不算少。第一个房间除了人之外空空如也，而第二个房间则四处堆放着一些杂物。假如突然起火，哪个房间的人会更容易逃出去呢？

正确答案是第二个房间。第一个房间里没有任何障碍物，看起来更容易逃走，但房间里的所有人会一窝蜂争先恐后地想要逃离房间，结果谁都出不去。虽然有点违背常理，但第二个房间里恰到好处地堆放着的这些障碍物，正好帮助房间里的人更加快速、有序，也更加安全地逃离这个房间。如果你进行一次实验，你很快就能发现这就是事实。

金融发展得好，经济才会变好吗？

"金融发展得好，经济才会变好"，乍一听，这句话好像很对。前面我也给大家讲过，金融指代所有能用钱处理的事情。一旦缺钱，经济就会出现困难，因为资金跟不上经济活动。在商品被制造、被交易的过程中，如果人与人之间来往的资金不充分，活动就会出现萎缩，也就是说，社会中的经济潜力无法得到充分的发挥。

打个比方，假设大家有了10万韩元的零花钱。正好你们饿了，因为身上有钱，所以你们可以去小餐馆随便买点东西吃。如果平时有想买的不超过 10 万韩元的东西，你们也可以去买。这样大家花的钱，就成了小餐馆和商店的销售额。小餐馆和商店的主人，也多亏了大家，能够把赚到的钱花在其他地方。实体经济活动中用到的钱，像一种连锁反应，在社会的各个角落转来转去。商店主人因此赚到钱，员工得以领到工资，大家也因为填饱了肚子或买到了自己想买的物品而变得幸福。

假设大家没有这 10 万韩元，那么即使肚子饿了，也去不了小餐馆。尽管有潜在的需求，但缺乏满足需求的手段。小餐馆的老板也一样，尽管他既有要卖的食物，又有要卖的意愿，但却卖不了，也就是说，小餐馆因此失去了赚钱的机会。其他所有的商店，也是一样的道理。

当一个社会在经济上尚未发达的时候，拓展金融领域有助于经济的发展，因为这能为无法满足的需求和供给创造相遇的机会。事实上，引入安全的金融制度，是每个发展中国家必经的过程。

不过世间万事万物实现均衡十分重要。有句话叫“过犹不及”，过分强调金融领域的发展，会出现喧宾夺主的结果。当经济发展超越了某一阶段，再试图扩大金融市场和金融产业，反倒会对经济产生危害。

举一个最直接的例子，当整个社会的债务过多的时候，人们从银行借来的钱可以立马当作现金使用，但无论手中持有多少钱，一日三餐总不能变成一日五餐或六餐。如果超过某个限度，实体经济中就会产生无法消耗的资金。这些资金，除了一味提高商品和资产的价格，毫无用途。

因此，了解一个社会在经济上有多成熟相当重要。因为要决定是要往有利于实体经济发展的方向来拓展金融产业还是为了不使实体经济灭亡而对金融产业进行监督。过去数十年间发生过的金融危机，无一例外都是没有处理好后者的结果。

不过发达的金融具体意味着什么呢？大家认为的金融发达应该是什么样的呢？

一部分人站在收益率的角度来判断金融是否发达。他们认为，如果能够增加投资场地，获得更高的收益，那金融就是发达的。金融公司也会为了增强人们的这种意识而大力宣传。

不如让我们来做一次思想实验。假设存在两个不同的世界，在第一个世界里，所有的金融产品都能以5%的年利率来获得收益，而在第二个世界，所有金融产品都能获得50%的年收益率。哪种会更好？你是不是认为收益率更高的第二个世界更好一些？

不过仔细想想，你会发现第二个世界并没有比第一个世界好多少。如果所有金融产品的年利率都是50%，只会导致货币变得更为普遍。货币数量多了，资产价格也会跟着往上涨，社会反而会变得混乱。这并不能看成是发达的金融。

也有人把金融的发达理解为金融产业的发达，也就是金融公司的高利润。谁会这么说呢？当然是金融公司的从业人员了。因为只有这样，他们才能获得更多工资和奖金。

但我们之前了解过金融公司的赚钱方式，

这些公司的收入来源要么是手续费，要么是存贷之间的利率差。金融公司的手续费增加，意味着每个人要交更多的手续费。银行的收益增加，意味着人们要么需要更加辛苦地偿还更多的贷款利息，要么只能获得更少的存款利息。从个体的角度看，这些都不是什么好事。“金融公司赚更多钱”这件事，从国民整体的角度来看，反倒可以解读成情况变糟糕了。

综上所述，经济发展超越某一阶段之后，实体经济应该成为主力，金融则应该担任追随实体经济的角色。让我们思考一下能够代表金融市场的股市。如果实体经济有所发展，股市也会跟着变好。企业的收益变好，股价才能跟着稳稳地上涨。反过来，如果对实体经济的竞争力放任自流，却人为地去促进股市发展，会出现什么情况呢？证券公司应该会按自己所想的去增加交易量，或者政府会为了让股价有所上涨而采取救市措施，但被迫抬高的股价不但无法长期维持，这种方式也注定无法促使实体经济走向更好。

金融和足球之间
有什么
共同点吗？

大家听说过足球和金融很像吗？作为运动的足球和处理金钱事务的金融相似这种话，乍一听好像不太对，不过深入了解你就会发现，足球和金融之间意外存在众多共同点。让我们一起思考一下都有哪些共同点吧！

第一个共同点就是，干得好的话，都能赚大钱。这世上，赚钱最多的足球运动员会是谁呢？正是大家都十分了解的里奥·梅西和克里斯蒂亚诺·罗纳尔多，这两个人在 2016 年的年薪约为 300 亿韩元。实际上，这 300 亿韩元只是他们在足球队的收入，除此以外的广告收入尚未包括在内。在他们之后，收入接近 290 亿韩元的人按顺序分别是加雷斯·贝尔、胡尔克、保罗·博格巴、内马尔·达席尔瓦、格拉吉亚诺·佩莱和韦恩·鲁尼等人。排名第九的兹拉坦·伊布拉西莫维奇的收入则超过 200 亿韩元。

金融方面又是怎样的情况呢？以 2014 年为标准，全世界赚钱最多的对冲基金经理当属史蒂芬·科恩，他的收入总额为 1.3 万亿韩元。并列排名第二的则是瑞·达利欧和乔治·索罗斯，他们的收入总额均为 1.2 万亿韩元。并列排名第四的则有威廉·阿克曼、肯·格里芬和詹姆斯·西蒙斯，这三个人的收入总额均为 1.1 万亿韩元。如果一年内能够赚这么多钱，应该会笑得合不拢嘴吧。在金融市场干得好的话，确实能像这样赚一笔大钱。

不过，这两个圈子里的大部分人，其实赚的钱都微不足道。不是谁踢足球都能踢成梅西或罗纳尔多，是吧？拿着微薄的年薪维持生计的足球运动员非常多，只是他们不怎么引人注目罢了。

金融市场也是如此，科恩或索罗斯每年都赚 1 万亿韩元以上的钱，那么这些钱又是从哪儿来的呢？当然是从金融市场里将钱赔给他们的无数人身上。从某个角度看，这或许比足球更糟糕。普通的足球运动员至少领着微薄的年薪，在金融市场里人们反倒会赔钱。

足球和金融的第二个共同点，则是二者都需要竞技场和规则。当然，在小区角落或其他一些地方也是可以踢足球的，但一场好的足球比赛，应当在足球场内进行，同时遵循定好的规则。这该怎么理解呢？真正的足球比赛中，如果将球带到球场之外再射入球门，这个进球是无效的，也就是说球不能出界。另外，手碰到球或者推倒对方球员，也是不被允许的。如果没有哪些可做、哪些不可做的规则，就不能成为一场真正的足球比赛，对吧？

金融也是如此。在指定的金融市场中才能进行交易，也有应当要遵守的规则。如果违背规则，将依法受到惩罚。打个比方，前面提到的史蒂芬·科恩的公司，被发现有过不正当交易，因此交了 1.8 万亿韩元的罚金，也被禁止管理别人的资金。也就是说，将金融完全交由市场去管理，是有局限性的。

金融公司当然可以自己决定交易内容和交易数量，这是它们真正可以自由决定的问题，但也并非所有行为都能获得批准，因为不能放任扭曲市场或者增加整个市场危险性的行为。为了预防这些问题，就需要存在某些规则。这里作个比喻，如果让足球运动员边比赛，边自由制定足球规则，会出现什么问题呢？那他们肯定会制定有利于自己球队的规则，最终把足球比赛演变为一场群架。参加比赛的选手就应该遵循规则，而不是制定规则。金融市场也是如此。

第三个共同点就是，两者都需要裁判。不管足球比赛是否有定好的规则，如果缺少裁判来监督规则有没有被严格执行，比赛就无法正常进行。否则运动员即使犯规，也缺少强制执

噢！我们
挺像的嘛！

行规则的方法。看过足球比赛的人，会很容易理解这句话的意思。有些球员，即使犯了规，也非说自己是正常踢球，最终只能稀里糊涂地将比赛进行下去。

金融也是如此。如果让金融公司和个体自己看着办，只会对个体产生不利影响。金融公司了解更多金融知识，个体肯定会相对缺乏知识和经验，最后会交出本不该交的大量手续费，也会买入一堆本不该购入的奇奇怪怪的金融产品。因此，大有必要对金融公司进行监管和调查，监督它们是否遵循了定好的规则，是否做了一些不公正的行为。如果不这么做，金融市场真的会一团糟。

另外，足球和金融之间也有不同点。足球是一项运动，因此有助于培养健壮的体格和健康的精神，但金融对其中任何一方面都起不到太大的帮助。太执着于金钱，反倒容易迷失。

第四章

既是解药又是毒药的金钱和金融

瑞士银行为什么能声名远扬？

瑞士是欧洲的一个小国，人口只有800万，面积也不到韩国的一半。由于被法国、意大利、德国、奥地利等欧洲强国包围着，瑞士就不曾扬眉吐气过，皑皑白雪覆盖着的阿尔卑斯山脉就是这个国家拥有的全部了。在过去相当长的一段时间里，瑞士曾是欧洲最贫穷的一个国家。

不过如今的瑞士早已不是那般模样了。提起瑞士，大家都会想到美丽的观光胜地，或瑞士巧克力，又或者能够代表瑞士的奶酪料理——奶酪火锅。同时，瑞士也因生产昂贵而精准的手表，或像魔法棒一样能够蹦出各种工具的瑞士军刀而声名远扬。瑞士的精密仪器制造技术在世界处于最高水准。2015 年，瑞士的人均国民收入超过 8000 万韩元，位居世界第二，约是韩国的三倍。如今的瑞士，是全球屈指可数的高生活水平国家之一。

提起瑞士，我们能想到的还有瑞士银行。瑞士银行并非一个固有名词，而是特指以瑞士为根据地的多家银行，从瑞银集团、瑞士信贷这样的世界级投资银行再到普通人不怎么了解的隆奥银行、瑞士宝盛银行、UBP、百达银行等“私人银行”都是最好的代表。

瑞士银行有着区别于其他银行的独特形象，那就是其维持着任何人都无法随意接近的彻底保密性。实际上，能够代表瑞士银行的瑞银集团，其标志正是三把叠放着的钥匙。哪怕有一把钥匙被偷，如果不能找到另外两把钥匙，也无法打开金库，这正展示了强保密性的形象。事实上，瑞银集团或瑞士信贷等投资银行，一开始也只是私人银行，是后来与其他银行进行合并，才扩展到现在这个规模的。也就是说，瑞士银行独一无二的保密性，源于瑞士的私人银行。

瑞士私人银行安全可靠的形象并非自然存在。这里也有故事。过去的瑞士虽然贫穷，却不是可被随意欺凌的国家。瑞士的周边国家中，没有任何一个国王想过侵略瑞士。由于生计艰难，很多瑞士男人成了服务于外国国王的雇佣军，靠专门收钱打架来维持生活。瑞士雇佣军部队以忠诚、勇猛十足而出名，活跃在帝王的禁卫队中。肯定没有哪个国王会攻击负责保护自己的禁卫军的故乡吧？如果攻击起来，反倒自己有可能出现生命危险。最终，瑞士守住了和平，托管在瑞士银行金库里的金块也没有出现因战争或暴乱而被打劫的情况。

不过瑞士银行彻底保密的真正意义在于其他方面，就是绝不向其他人泄露托管资产的顾客的信息，即所谓的“秘密主义”。私人银行的英文“private bank”中，private 意为私人的、隐秘的或者非公开的。将 private bank 译为“私人保险柜”，也没什么大碍。又不是只针对某个人，不做普通的个人交易，因此严格上也不该称之为“私人银行”。

瑞士出现私人银行的契机是宗派之间的矛盾。16 世纪初，随着宗教改革的开始，法国出现了很多追随改革家加尔文的新教徒。他们被称为“胡格诺派”。旧天主教徒使用武力攻击了胡格诺派，尤其是在 1572 年圣巴托洛缪之夜对他们进行了大规模屠杀。法国的亨利四世认为应该中止这种野蛮行为，于是在 1598 年发布了南特敕令，承诺赋予胡格诺派宗教上的自由，即天主教徒和新教徒都能守护自身的信仰。

不过当时法国的旧天主教徒们拒绝和胡格诺派共存。1610 年，亨利四世遭暗杀，南特敕令因此失去了效力。在 1685 年，人称“太阳王”的路易十四最终废除了南特敕令。由于害怕再次遭到屠杀，胡格诺派逃到了英国、荷兰、普鲁士、瑞士等新教国家。逃到瑞士的胡格诺派创立了瑞士的私人银行。这些胡格诺派人士里，有做过高利贷业务的改教犹太人。

瑞士银行的秘密账户不同于普通银行的银行账户。普通银行的银行账户，即便没多少钱也可以办，但要想办理瑞士银行的秘密账户，至少要有一定金额之上的存款。另外，办理资产委托和保管的时候，普通的银行账户会给利息，而瑞士银行的秘密账户反而要收取保管费，即存款利率为负。取而代之的一点是，瑞士银行不会告诉任何人谁是存款人，也不会向他人透露存折信息，哪怕提出要求的对象是检察机关和警察。

瑞士银行的秘密账户不仅收不到利息，还要支付保管费，那有哪些人会成为它的客户呢？肯定不是正常人吧？瑞士银行的主要客户，要么是通过毒品交易等赚钱的罪犯，要么是从事武器交易的军火商，要么是各类腐败案件的牵涉者。瑞士银行正是靠对这些黑钱的守护和管理来赚钱的。

瑞士银行设立“不泄露客户秘密”原则的

缘由也相当讽刺。追捕胡格诺派的路易十四通过整改法国的税金制度，获取了大量的钱财，并用这笔资金发动了多次战争。不过仅凭征税，是无法确保能够开展战争的。最终路易十四向瑞士的高利贷者们借了紧缺的资金，同时还要求他们帮忙保密欠债之事，因为他对向被自己撵出去的胡格诺派借钱这件事感到十分羞愧。

瑞士银行作为自身原则而坚守的秘密主义，于 1934 年被瑞士政府定为了法律。这个契机就是纳粹的掌权。1933 年，希特勒刚执掌德国的政权，德国国内的犹太人就开始担心自己的财产被没收。于是瑞士政府将本国银行泄露客户信息这一行为规定为非法行为，使犹太人能够安心在瑞士银行托管自己的资产。实际上，依照瑞士联邦银行法，泄露客户信息的员工，要么进监狱，要么交罚款。

瑞士银行的秘密主义严重到了何种程度呢？看了下面这个案例，你绝对会大吃一惊。1982 年，意大利警察逮捕了瑞士银行的两个

请交保管费。
不管是多少保管费，我都会交。不过你能确保我的秘密不外泄吧？

员工，并跟他们说，如果能交出保管非法资金的客户信息，就会释放他们。于是其中一个人交出了信息，被成功释放；而另一名员工始终拒绝开口，于是进了意大利监狱服刑。

不过结局出现了反转。无罪释放的第一个员工，被瑞士政府处以约6000万韩元的罚款，因为他背上了泄露客户信息的罪名。反过来，拒不配合意大利警察的第二个员工，则从银行那里收到了巨额的赔偿金，得到了作为不破坏瑞士银行秘密主义的英雄的待遇。

除此之外，瑞士银行的秘密主义还存在许多应受指责的地方。只要能盈利，瑞士银行甚至不会拒绝和纳粹进行交易。纳粹德国将掠夺而来的金子制成的金块交给瑞士银行保管，而瑞士银行为了协助德国打仗，从海外汇了款。第二次世界大战正酣的1943年，德国的经济部长官曾说过："若和瑞士金融的关系终止两个月以上，德国政府就无法维持战时体制。"

瑞士银行铜墙铁壁般的秘密主义，最近受到了更多的攻击。起决定作用的一个事件是2008年，位于瑞士日内瓦的某家私人银行的员工在离职时，将超过10万名秘密客户的名单进行转卖然后被抓。瑞士政府自然想将这名员工送进监狱，不过这名员工幸运逃脱，并在法国政府的保护下，协助查出了逃税的嫌疑人。在这个过程中，世界各国的一部分黑钱得以浮出水面。

最重视本国国民海外逃税的美国，对瑞士政府施加了强大的压力。有着270年传统的瑞士私人银行韦格林银行，由于涉嫌帮助美国人逃税，在交了600亿韩元左右的罚款后最终关门大吉。担心如果再放任不管，可能殃及其他瑞士银行的瑞士政府，最终于2013年和美国缔结了协议，于某种程度上进行了妥协。不过瑞士银行是否真的放弃了秘密主义，还有待进一步观察，因为已经有了“用保管金子来代替保管资金，从而维持秘密账户”的说法。

国际货币基金组织的工作是什么？

国际货币基金组织的英文名是 International Monetary Fund，其首字母组成的 IMF 广为流传。大家可能是首次听到这个名字，不过对于 20 世纪 90 年代的亲历者——大家的父母这一代而言，这是一个令人百感交集的名字。

1997 年，好几家大企业陆续破产，韩国陷入了巨大的危机。尤其是海外的金融公司，纷纷往韩元贬值的方向进行投机交易，使得曾经只有 1∶700 的美元对韩元汇率一下子狂涨到将近 1∶2000。当时的这种汇率暴涨，不只是韩国独有的问题。海外投机势力不仅攻击了韩国，还攻击了马来西亚、印度尼西亚、泰国、菲律宾、中国香港等其他亚洲国家或地区。原先并不是被攻击对象的俄罗斯，也宣告延期偿付危机，可见情况不是一般地严重。

韩国用于还债的美元不够充足，最终不得不伸手向国际货币基金组织和其他国家借美元。理论上讲，确实也可以通过其他方式筹备美元，那就是先用韩元借债，然后将之转卖掉，换成美元。不过这样做，损失就太大了。如果美元对韩元汇率为1:700，那准备10亿美元就需要用到7000亿韩元；而如果美元对韩元汇率为1:2000，那就需要用到2万亿韩元，即大概要用到原来资金的3倍。

最终，韩国要向国际货币基金组织借款210亿美元，向世界银行借款100亿美元，向日本借款100亿美元，向美国借款50亿美元，向亚洲开发银行借款40亿美元，即总共要借款500亿美元才行。假设美元对韩元汇率为1:1400，也就是总共要借70万亿韩元才行。

1996年韩国的国内生产总值为6568亿美元，而1997年韩国的国家预算为63万亿韩元，因此可想而知，这该是一笔多大的钱。

这笔借来的款项，绝不是免费的。到时，不仅要还上一笔金额不小的利息，还要接受国际货币基金组织提出的名为“结构调整”的条件——将年利率提高到了将近20%，同时让外国资本几乎不受限制地进入韩国国内，迫使金融市场自由化。结果是无数人丢了工作，韩国国内的一些公司也被迫落到了外国人的手中。如今这件事过去了20多年，国际货币基金组织的一些经济学家也承认当时的做法不对。

借来的钱，韩国仅用了3年就全部还完，令国际货币基金组织大为惊愕。这其中，既有暴涨的汇率对出口业务繁多的韩国起到的积极作用，也多亏了对接受金融救助这一点感到羞耻的韩国民众齐心协力的付出。当时每个韩国国民都将自己藏在箱子里的金戒指等取出来，创造了“捐金运动”这一极具象征意义的佳话。虽然实际上捐金运动筹得的22亿美元，无法起到决定性的作用。

声量巨大的国际货币基金组织成立于1945年。在第二次世界大战临近结束的1944年，美国和英国就战争结束后如何推动世界经济向前发展一事进行了协商。由此产生的成果之一，就是建立国际货币基金组织。

最开始成立国际货币基金组织的目的是维持国际外汇市场上汇率的稳定。国家之间经常会有贸易往来，也就会出现因为出口而不断流入资金的国家和因为主要从事进口而不断流出资金的国家。站在资金流出的国家的角度，如果本国货币不断贬值，就不能盲目地一味进口。同理，不断流入资金的国家的货币如果不停升值，相比以前，就更难进行出口了。汇率一旦波动，稍不留神，进出口之路就会被完全堵死。防止这种情况出现，逐步顺利地推动汇率的变动，就是国际货币基金组织能起到的作用。这也是当时参与协商的英国代表约翰·梅纳德·凯恩斯的想法得到反馈的结果。

但步入20世纪70年代，国际货币基金组

织担任的角色的的确确发生了转变。IMF 将钱借给陷入困境的国家的同时，开始以反对给付的理由要求开放金融市场。这样的要求，和国际金融公司的要求没什么两样。所以 1997 年外汇危机之后，韩国也变成接受这种要求的亲历者。因此，世界各国人民中间开始流传起这样一种批判：国际货币基金组织表面上看似国际机构，本质上却是外国资本。

实际上，国际货币基金组织属于异卵双胞胎之一，其双胞胎兄弟正是被称为世界银行的国际复兴开发银行。国际复兴开发银行创立初期，其主要工作内容并非外汇，而是贷款。其成立的最初目的是出借债务给因第二次世界大战而荒废掉的西欧。这是当时参与协商的美国代表哈里·德克斯特·怀特的想法。怀特和凯恩斯的想法不一致，最终导致分别成立了两个组织。

不过国际复兴开发银行成立没多久，业务方向就转向了借款给发展中国家，结果是，现在的它与国际货币基金组织并没有什么区别。

如果非要说出二者的不同点，那就是国际货币基金组织是在危机爆发后短期出借资金，而国际复兴开发银行是不管有无危机都可以长期出借资金。

同时，国际货币基金组织的总裁无论何时都是欧洲人，而国际复兴开发银行的总裁则永远都是美国人。从这一点上看，你估计会认为国际货币基金组织属于欧洲，而国际复兴开发银行则属于美国，但事实不一定如此。从惯例上讲，我们将这种情况看作美欧友好地各占有一个组织更为恰当。实际上，如果从不同国家的持股比例上看，无论是国际货币基金组织还是世界银行，两者都大致相同：美国占股16% ~ 17%，日本占股6% ~ 8%，中国占股4% ~ 6%，德国占股4% ~ 5%，而英法两国各占股4%左右。同时这两个机构都位于美国首都华盛顿。

另外，自创建以来，国际货币基金组织和世界银行都丑闻不断。于2004年到2007年担任国际货币基金组织总裁的罗德里戈·拉托因洗钱和诈骗嫌疑等，被西班牙警察逮捕。接任他的多米尼克·斯特劳斯·卡恩，则在2011年因涉嫌强奸酒店员工而从总裁之位退下。于2011年至2019年任总裁的克里斯蒂娜·拉加德因涉嫌在任职法国财务长官时期给予特定企业不当的优惠政策，于2016年年末被判有罪。而作为国际复兴开发银行创始人的哈里·德克斯特·怀特则在后来被查出是苏联间谍，给所有人造成了冲击。

不能需要多少货币就造多少货币吗？

不能随意发行货币的原因，其实前面已经进行了说明。不过这个问题实在太过重要，因此我决定再给大家整理一下。

主要原因有两个。一是物价会疯狂上涨，二是资产价格会疯狂上涨。无论是哪种，意思都是一样的，即货币无法再正常地履行其功能。如果出现这种情况，社会将停止运转。

物品价格上升，被称为“物价上涨”。不过也存在不止上涨一点，而是以荒唐的程度疯涨的情况，这又被称为“物价飞涨”。回顾一下金融的历史，你会发现物价飞涨实际上时有发生。其中最为出名的正是德国魏玛共和国时期。

魏玛共和国指的是1918年输掉第一次世界大战的德国。直到第一次世界大战结束之前，德国都是由皇帝进行统治的帝国。德国皇帝是拓展了本可以止步于奥地利和塞尔维亚之间的局部纷争，先侵略了西欧，而后制造了世界大战的罪魁祸首。后来，德国民众决定无视战争即将结束时逃到荷兰的皇帝，成立了宣称“国民才是国家主人”的共和国。

当时的德国货币是马克和芬尼。1马克等于100芬尼。战争结束的1918年，一小块面包的价格是50芬尼。但战争结束后，价格不断上涨，1919年年末已经涨到了5马克，这已经是上涨了10倍后的价格。1920年面包价格重新降到4马克，趋于稳定。但在1921年6月，好不容易才控制下来的面包价格，突然超过了30马克。这之后，直到1922年年初，面包价格一直维持在30马克。1922年下半年，突然进入了正式的物价飞涨阶段。1922年12月末超过700马克的面包价格，最终于1923年11月创下了1000亿马克的纪录。1918年约为1∶4的美元对马克汇率，在1923年11月超过了1∶4万亿。价格用数字来表示已经毫无意义了。物价升得太多，以至于想买东西的话，需要用大车装满纸币，即便如此，有时也发挥不了作用，只好把纸币当成引火物或壁纸。正如“纸币”的字面意思，此时的纸币完全成了废纸片。

其实讲述魏玛共和国物价飞涨的书籍特别多。一般在讲到如果国家随意印发钱币会发生怎样的事情时，就把它作为示例展示出来。有趣的是，即使发生了这种事情，书中还坚持主张要把印钞之事交给中央银行去处理，说得好像魏玛共和国的物价飞涨纯粹是国家的错误，中央银行一点责任都没有一样。

实际上，当时的德国政府和德国的中央银行——德意志银行的责任是密不可分的，因为购买德国政府发行的国债，再将其转换成马克

哎哟喂！累呀，真累呀！
要吃一个汉堡包真不容易呀！
一个汉堡包价格为 1 亿韩元。
NEW!
NEW
橡子汉堡包
1亿韩元

的正是德意志银行。不管怎样，制造货币的主体就是德意志银行，不过那也确实是中央银行应该做的。

研究问题到底是出在政府身上还是出在中央银行身上，实际上是次要的，了解魏玛共和国为何只能那样做才更重要。只有了解个中缘由，才能阻止物价飞涨再次发生，不是吗?

首先，要把魏玛共和国物价上涨的整个时期分成两部分来看。第一个阶段是从战争结束到 1921 年年初约两年半的时间，即一小块面包的价格从 50 芬尼上升到 4～5 马克的时期；第二个阶段是从 1921 年 6 月到 1923 年 11 月，即面包价格从 30 马克上升到 1000 亿马克的物价飞涨时期。这两个阶段从物价上涨这一点上看是一致的，但关键是原因不同。

第一个阶段的物价上涨，问题出在德国皇帝为了打仗借的债务上。法国这样的国家，没有选择无差别地发行国债，而主要是一边打仗一边征税。反过来，德国皇帝抱着只要打赢战争、扩张领土就能还债的想法，先举了债。债务变成货币流通开来，使得物价上升了。第一个时期的物价上升属于边打仗边大量发行国债的国家的普遍情况。虽然绝对说不上是什么好事，但也不是什么特别之事。

反之，第二个阶段的物价飞涨，则与附加在德国身上的战争赔偿金有着直接关系。1921年5月，战胜国规定德国只能用黄金或者法郎、英镑等外国货币作为赔偿金。赔偿金本身的数额之大已经是一个问题，加上要还的钱不是马克，就更成问题了。因为战争，魏玛共和国的经济本来就很困难，还突然被要求要用外国货币来还债，由此产生了问题。

魏玛共和国本身没有多少外国货币，因此只能从下面两条路中选一条来走。一是既然没有外国货币来还债，那就直接宣告延期偿付危机，政府破产，一切就结束了。二是德国先借款，再用借款购买外国货币来进行偿还。尽管钱能立即还上，但随着时间流逝，德国货币将渐渐贬值。国债发行，造成马克总量增加，于是使用马克能够购买的外国货币数量逐渐减少，最终就陷入了“这条路也是死路，那条路也是死路”的惨状。

魏玛共和国采纳了第二种方式。尽管横竖都是死路一条，但总不能马上倒下，能做多少总要做多少。最终导致物价飞涨，国家走向灭亡。经济史学家说，战胜国施加在德国身上的条件太过严苛，是发生第二次世界大战的原因。

物价飞涨的背后总是离不开债务，尤其是一定存在要用外国货币来偿还债务的问题，大家一定要记住。

金融到底做了什么，使得“富者越富，穷者越穷”？

大家都听过“富者越富，穷者越穷”的说法吧？这意味着“富人会变得越发富有，而穷人会变得越发贫穷”。实际上，有人说确实如此，有人说不一定就是这样。面对这种说法，有人会说大家能力不同，当然会出现这种结果；有人会说贫穷是不够勤奋、太过懒惰的结果；也有人会说这一切都是社会结构的问题。

2014 年，有一本寻找这个问题的答案的书问世了，那就是巴黎经济学院的托马斯·皮凯蒂写的《21 世纪资本论》。这本书在世界范围内引起了巨大的反响，因为结论实在太具冲击性了。

皮凯蒂分析了17世纪到21世纪300多年的时间里的情况，得出的核心结论是资本收益率永远高于经济增长率。资本收益率指的是资金的增长速度，经济增长率则是指实体经济的增长速度。最终拥有资金的一小部分人的财产会跟着上涨的资本收益率不断增多，而大部分在公司上班的国民挣到的工资则因为低于资本收益率的经济增长率而缓慢增长。如果这种情况持续下去，财富分配不均只会随着时间的流逝变得更加严重。

处理资金的所有事情都属于金融，因此金融很难摆脱“助长富益富，贫益贫”的批判。金融公司的业务中包含处理资金的咨询、中介和买卖等，类似这种为增加资本而提供的服务，就是金融服务。

前面提到不能随意发行货币的理由时，不是谈到了物价上涨和资产价格上涨这两个方面吗？前面已经聊过以物价飞涨为首的物价上涨，这里就来谈谈资产价格上涨。金融带来的资产价格上涨，是“富者越富，穷者越穷”的直接原因。

在正式提及资产价格上升的问题之前，让我们先来了解一下这里所讲的资产的含义。第二章里大家已经了解到资产是一个人拥有的资金和财产，即资本和债务进行合并的结果。不过这里所讲的资产，要去除存款或现金这类资金，只涉及类似股票这样的金融产品和住宅这样的房地产。

资产价格主要以两种形式上升。一是资金总量维持在一定范围内的资产价格上涨，这种情况在许多人预期特定资产价格会上升的时候尤为常见。和第三章提到的一样，金融市场由于供求法则不成立容易出现价格不稳定，因此会导致资产价格过度上升。

二是在此之上加上资金总量增多出现的资产价格上涨。这种情况还会进一步发展成所谓的“资产泡沫”现象。资产泡沫指的是资产价格以非正常的程度出现上涨的现象，资产价格和资产泡沫之间的关系等同于物价和物价飞涨之间的关系。

资金总量增加的决定性原因正是债务。放任小小的火柴不管，它会马上熄灭，但如果在火柴上浇油，则会引发烧掉房子的大火。在资金总量一定的情况下产生的资产价格上升，只能算是一根火柴，但如果遇上资金总量增加这桶油，则会产生烧掉一切的火灾一般的资产价格上涨。

让我在这里再详细说明一下资产泡沫。金融市场的历史也算是资产泡沫的历史。最早出现的资产泡沫发生在 1637 年的荷兰。当时郁金香成了投机的对象，其均价在短短几个月内上涨了将近 20 倍。这还只是普通郁金香，特定品种的郁金香需要一个月薪相当高的熟练工整整 14 年不吃不喝才能买上一朵。不过涨成这般模样的郁金香价格瞬间暴跌，这个事件被称为“郁金香热”。

郁金香热的发生并非偶然事件，它满足了资产泡沫发生所必备的条件。1609 年，阿姆斯特丹银行在荷兰建成，它是世界上最早成立的中央银行之一。另外，当时的荷兰还有世界上最早的证券交易所——阿姆斯特丹交易所。1602年成立的这个交易所处理了关于郁金香的衍生交易。衍生交易指使用比持有资金多几倍的借款进行投机活动。

接下来要介绍的资产泡沫又名“南海泡沫”，这是1720年对英国南海公司股票进行投机而引发的泡沫事件，即南海公司的股价在几个月内暴涨10倍以上又突然下跌的事件。因万有引力法则而出名的艾萨克·牛顿购入南海公司股票后遭受重大损失的故事也广为人知。

南海泡沫发生的原因和郁金香热是一样的。1694年，英国的中央银行——英国银行成立了。1697年，英国立法促成了皇家交易所内的股票交易活动。近年来资产泡沫的例子则有1999—2000年只要名字中带有“.com”的股价就会非正常暴涨的IT泡沫事件，以及2007—2008年世界金融危机促发的美国房地产泡沫。

资产价格上涨比物价上涨更为糟糕。因为物价上涨造成的危害，是由所有人共同承担的；而资产价格上涨的危害则主要集中在那些没什么资产的人身上。勤勤恳恳工作生活的大多数人眼看着资产价格暴涨，只能感受到一种剥夺感。更不用说资产泡沫使得他们好不容易攒起来的存款瞬间变成一笔小钱了。

资产泡沫过后一定会出现资产价格回归原位的时期。对此，经济学家提议经济变得困难时应该降低贷款利率，哪怕利率降到 0 也无所谓。话虽这么说，其目的不过是阻止资产价格继续下跌，让金融公司获得苟延残喘的机会。对于持这种主张的经济学家，我实在是好奇他们为什么要那么反对以低利息贷款给困难人群。

应该放任市场还是介入市场?

市场是必须存在的。我无法想象没有市场的生活。如果没有市场，大家就无法吃到喜欢的零食。我特别喜欢吃炒年糕，在市场或小餐馆吃，不愿意接受配给。如果有谁对我说“炒年糕一次只能吃一人份”或者“一人份炒年糕的价格是 1 万韩元”的话，我会十分生气。因为这是我或者卖炒年糕的人应该决定的问题，而不是他人指手画脚的问题。如果有谁主张消灭市场，我一定会说“绝不能那样做”。

但是也有人不止于此，进一步说道：“应

该放任市场自由，不能让国家介入。”同时还会问，在“市场对国家”的关系中，你会站哪一边。如果市场意味着自由和交易，那么国家就象征着限制和配给。如果这么问，无论是谁，都认为“市场是一个应该被放任不管的地方”。

持这种说法的人们只知其一，不知其二。因为市场虽是必需之处，却也不是完美的存在。如果完全放任市场不管，那市场绝对不可能自发地正常运转。这被称为“市场失灵”。

经济学家设想出的理想市场，即是所谓的完全竞争市场。完全竞争市场指的是生产者和消费者都非常多的市场。另一个重要条件是没有哪个生产者或消费者有着能够压制其他生产者和消费者的大规模。也就是说，所有生产者和消费者的规模都不相上下，十分相似。

让我来说明一下为什么非得是这样。假设某家公司占据了整个市场 30% 以上的供给量，那么其他公司都无法和该大公司进行正常的竞争。因为大规模的公司能以比小规模公司更低的价格销售商品，大量购买材料，既能降低成本，又能降低其他费用。

另外，根据情况的变化，大规模的公司还会冒着亏本的风险，降低产品的售价。这是为了消灭所有的小规模公司，这种情况被称为“亏损竞争”或“价格战”。价格战的结局是所有小规模公司都关门大吉，到了那时，大规模公司就可以拼命抬高价格。只有一家企业拥有可卖的产品，那这家企业就可以随心所欲地提高价格了，不是吗？结果就是大规模公司获取了巨额利润，这时候的企业就成了“垄断企业”。问题在于，即便是完全竞争市场，如果放任不管，垄断企业也会出来称霸，使得市场转变为垄断市场或不完全竞争市场。

市场失灵还不止这些。让我用大家喜欢的电脑游戏来给大家说明下。美国暴雪娱乐公司制作的一款名为《守望先锋》的游戏最近特别受欢迎，这是一款分组进行战斗的射击游戏。不过游戏中出现了一个问题，就是“开挂玩家”。这里的“挂”指外挂，即能够自动瞄准的非法程序。《守望先锋》是一款看重精密瞄准能力的游戏，因此使用非法程序的玩家即便是新手，也容易制服《守望先锋》的游戏高手。

很多人聚在一起玩类似《守望先锋》这种游戏，能够较量各自的实力。每个玩家都可以使用自己决定的技术和玩法来玩游戏，这和我在市场决定买哪一种、买多少炒年糕是一样的。如果有谁对此说这说那，玩家的心情会十分糟糕。

不过是否使用非法程序，并不完全取决于个人的自由。只有所有人都不犯规，都公平参与，游戏才会好玩；如果某个人为了多赢点分数而使用非法程序，那么剩下的人都无法好好享受《守望先锋》这款游戏了，游戏也失去了趣味。这正是“道德风险”的问题。如果游戏开发者暴雪娱乐公司不进行任何介入，放任这类问题不管，最终《守望先锋》将变成一款谁也不愿意玩的游戏。

市场也是一样的道理。大体上，卖家和消

费者之间存在着所谓的“信息不对称”。简单讲就是，卖家十分了解自己的产品，而消费者不可能像卖家那样了解产品。

最能体现“信息不对称”的例子就是二手车市场。表面上看，二手车市场就像完全竞争市场，因为卖家的规模不相上下，消费者也没什么理由会有所不同。不过，在二手车信息上，买卖双方还是有差距的。卖家只要下定决心，就可以把出过事的汽车包装成正常汽车来卖，那样的话，卖家的收益就会增多。反之，信息不充分的消费者就容易上当受骗。国家不可能放任这种情况不管吧？因此国家制定了二手车市场的交易规则，让卖家对自己卖的车负责。

即便不是市场失灵，这世上也存在市场无法处理的事情。无法交由市场处理的对象，除二手车以外还有很多。打个比方，用人进行交易是违法的。但放在以前，这是有可能发生的，那就是奴隶市场。奴隶市场自动出现了。不过现在，所有国家都不承认奴隶市场，因为将人当作手段是错误的。

人体器官也是其中一个例子。人们可以不收任何回报地自发进行器官捐赠，一般是亲人间的捐赠，也可以捐赠给完全不认识的需要进行器官移植的病患。但如果以钱来作为捐赠器官的报酬，显然是违法的。换句话说，器官市场无法得到认可。因为如果人类的器官成为交易对象的话，没有法律可以出面禁止他人故意杀人来进行器官生意。

另外一个例子则是投票权。几乎所有人都认为不能在投票权上进行金钱交易。

谈市场自由主义的人都会把市场讲得像是自发生成的一样，其逻辑是在没有国家的情况下也能自动生成市场，因此国家不可介入其中。但这同样背离了事实。当然也存在自动生成的市场，不过完全放任不管，市场就会演变成力量大的人左右所有事情的地方。不仅如此，也容易出现强盗或山贼的掠夺行为。如果国家不对市场加以管理和限制，市场最终将变成一个充满血泪的地方。国家权力无法触及的全球海上运输市场和外汇市场等，就是最好的例子。失去国家的干涉，市场很难正常运转。

如果仔细聆听主张自由市场的那些声音，你会发现那些人其实另有企图。他们想要获得的不是市场的自由，而是公司的自由，即公司可以随意宰客、随意愚弄消费者的那种自由。他们主张市场自由的时候，几乎不会提及构成市场的另一端——消费者。大家要记住，市场和企业绝不是同义词。

如果银行深陷破产危机，会发生什么事？

银行破产是件大事。2011 年希腊的国家破产，正是因为希腊的主要银行无法还债而发生的。如果银行倒闭，就会发生非常严重的事情，所以无论如何，都要防止其破产。

如果银行倒闭，会发生什么事呢？作为个人，首先会担心存款。如果将钱财作为现金来保管，会非常不方便。金额越大，保管越麻烦，也会担心小偷，总不能把钱财随时带在身边吧，因为有可能遭遇强盗或扒手。因此，银行可以通过存款的形式帮忙保存钱财。存款的利息可以说是促使人们将更多的钱财保管在银行的一种诱因。实际上，哪怕不给利息，人们也会因为现金保管的难处而心甘情愿地将钱财交付给银行。只要安全性得到保障，无论是谁都可以托管，而银行正好提供了这一类型的服务。

托管钱财时最重要的事莫过于有安全性。代为保管的地方如果某一天突然卷款消失，是绝对不会被允许的吧？另外，托管钱财的地方如果倒闭，也是一件令人为难的事。因为一旦如此，人们就无法顺利地取回托管的钱财。如果出现上述担忧，人们就无法再将钱财托管在那里。

如今几乎所有国家都将安全保管钱财的任务交给了银行，因此银行绝不能随便做出损害自身的投机行为。但如果放任自流，银行就会肆无忌惮。1907 年破产的尼克伯克信托投资公司就是一个典型的例子。

尼克伯克信托投资公司是 20 世纪初期美国的主要银行之一。1907 年，拥有几家银行的一伙投机分子对铜企业进行投机，最终以失败告终。问题在于，尼克伯克利用这一投机手段，对铜本身进行投机，结果损失了大笔资金。

紧接着，尼克伯克遭受重大损失的传闻一下子传开了。认为尼克伯克即将倒闭的其他银行终止了和尼克伯克的金钱交易。传闻迅速在人群中传播开来。人们因为担心一辈子攒下的存款飞走，纷纷聚集到了尼克伯克各大分行，他们都是为了早点取回存款。最终的结果是——尼克伯克倒闭了。

托付存款的人们为了取回存款而集中到银行的行为被称为“银行挤兑”。银行挤兑如果真的发生了，哪怕是看起来完好的银行，也会瞬间破产。理由非常简单：存款其实不是银行实际拥有的钱财，而是银行借来的钱。因为将从个人身上借来的钱进行出借，就是银行赚钱的方法。

平常的时候，大部分人会考虑到利息，而不去取回存款，所以看起来没什么问题。但如果一时之间很多人都要去取回存款的话，就会暴露出钱财不在银行的事实，因为那笔钱已经借给了其他人或公司。因此银行只有破产这条路可走。尼克伯克的银行行长在尼克伯克银行破产后不到一个月，就开枪自杀，结束了自己的一生。接管破产的尼克伯克银行的纽约银行，现在正以纽约梅隆银行的名义运营着。

银行挤兑事件绝不只发生在过去。最近的例子是英国的北岩银行。这家银行是英国第五大银行，它突然在 2007 年出现了银行挤兑。北岩银行是主要以房地产为担保进行贷款的银行。当房地产市场出现暴跌局面，英国人开始预测北岩银行可能无法收回所有贷款，一下子有数千人一窝蜂似的涌到了北岩银行在英国国内的 76 家分行。仅在 2007 年 9 月 14 日一天内，超过全部存款额的 4% 的 10 亿英镑被取走了，换算成韩元，相当于 1.5 万亿多韩元。最终，英国政府在 2008 年 1 月决定将北岩银行国有化。

为了消除周期性出现的银行挤兑现象，美

如果大家都这样来，那我真的就要倒闭了呀……
快点儿！快去取回存款！
听说银行破产了！
BANK

国于 1933 年引入了世界首个存款人保护制度。如果存款在一定金额以内，那么无论发生什么情况，国家都会出面保障这些存款的安全性。因此即使发生银行挤兑事件，只要存款额在某个限度以内，就没必要非得找回这些存款。如果大部分人都这么想，那银行挤兑就不太可能发生。以 2017 年的标准，美国的存款人保护限额为 25 万美金，换算成韩元约是 3 亿韩元。韩国的限额则是 5000 万韩元。

保证托管给银行的存款的安全性和预防投机交易导致银行倒闭是两个不同的问题。如果不管怎样都不允许其倒闭，那么将那种企业变成国有企业更为合理吧。然而，有些人会觉得银行国有化之后的低效率是一个更严重的问题，因此原则上可以将银行变成允许其倒闭的股份公司。那么与此同时，就需要对银行严加管理，使其无法从事投机交易。

如果某些人赚了钱，是否就意味着其他人会丢钱？

如果某个人赚了钱，那另一个人一定会丢钱吗？为了回答这个问题，我苦恼了很长一段时间，因此我做了思想实验。假设有这样一个国家，生活着农夫、裁缝和牧羊人，他们分别拥有50、30和20的货币，因此这个国家的货币总额为100。这个国家使用的是金币制成的货币，同时该国家没有金矿，也不与外国贸易。换句话说，这个国家的货币是有限的，数量绝对不会增多。

首先可以思考一下实体经济。裁缝购买了

农夫种植出来的粮食，牧羊人购买了裁缝制作的衣服，而农夫则购买了牧羊人挤的羊奶。粮食、衣服和羊奶的价格均为10货币。这种情况下，农夫、裁缝和牧羊人分别花了10货币，同时也赚了10货币。三个人一直是这么做的，因此即使过了一年，他们各自拥有的货币量也没有发生变化。所有人都和刚开始一样，分别拥有50、30和20的货币。

不过，假设农夫突然将粮食的价格提高到15货币。如果裁缝和牧羊人依然将衣服和羊奶的价格维持在10货币，那么农夫每年就可以有5货币的利润。相反，裁缝每年就会有5货币的损失。因为裁缝要花15货币来购买粮食，而卖掉衣服赚的钱只有10货币。牧羊人购买衣服花了10货币，卖羊奶赚了10货币，因此既没有利润，也没有损失。所以每过一年，农夫就会多5货币，而裁缝就会少5货币。6年后，农夫、裁缝和牧羊人分别拥有80、0和20的货币。裁缝会面临破产。

但是裁缝和农夫的想法是一样的。裁缝如

果任由此种情况继续下去，摆明了会走向破产，因此他绝不会坐以待毙。如果农夫将粮食的价格提高到 15 货币，裁缝也会将衣服的价格至少提高到 15 货币，只有这么做，才能不让自己破产。同样地，牧羊人也要抬高羊奶的价格。最终，只有物品的价格从 10 货币上升到 15 货币，而农夫、裁缝和牧羊人分别拥有的货币量并没有任何变化。

粮食的价格上涨到 15 货币导致裁缝将衣服的价格提高到 15 货币这种行为，是经济学中假定的理性人的典型。不知怎么回事，理性听起来像是只有在哲学书上才会出现的故事。不过经济学中提到的“理性”，实际上是个特别简单的概念。以金钱为标准计算利润和损失后再作决定，这就是经济学中的理性。在这个思想实验中，被称为理性决定的部分并不完美，而且存在很多局限性，因为所有人都做了合理的行为，但是谁都没能获得利润。

不如来举个例子吧，假设你开车到了十字路口，信号灯显示的是绿色，但对面已经有很多车了，如果现在往前开，就会堵在十字路口的中间。作为个人的理性看法是，尽管如此，还是应该将车开过去，紧靠在其他车的后面。因为就算堵在十字路口中间，自己也没什么损失，最后还能快一步通过十字路口。如果单纯计算自己的损失和利益，不这么做的人应该算是傻瓜吧？

但是如果很多辆车都这样做的话，路口就会被堵住，横向车道上的车即便等到了绿灯，也无法顺利通过十字路口。十字路口最终会面临要去往各个方向的车辆纠缠在一起，谁也无法通过的情况。这也足以证明，某个人的理性行为，最后可能导致了所有人的损失。

将“理性的”一词翻译为英语，有两个说法，一个是rational，另一个则是reasonable。这也意味着，“理性的”这个词本身，包含着“遵照理性”或“合乎情理”的意思。但是事实上，rational和reasonable的含义并不相同。如果说经济学中的“理性的”是rational，那么伦理学中的“理性的”即为reasonable。

rational一词源于ratio，意为使用数字出现的比率。因此rational这个单词，译为“精明的”或“会盘算的”会更为自然。反之，伦理学中讲的“理性”，即reason，是在rational假定的工于算计的自我之上的一个概念。看到有困难的人就去帮助他们，哪怕自己有点不方便，但为了公共利益依然乐于遵守义务，这就是伦理的主体。

因此经济学的理性是一个需在一定的范围内予以使用的概念。我来举个例子。在交易的时候，通过欺骗对方的方式将商品卖得十分昂贵，这是rational，因为实现了自身利益的最大化。但是这绝对算不上reasonable，就像十字路口那个例子一样，因为这样做最终转变成了所有人的损失。像这样对两个不同的概念不加区分而全部翻译为“理性”，实际上是一种悲哀。这也是最先被翻译成日语的内容被不加批判地引进的后果。

另外，思想实验中的世界里，如果货币数量不受限，那么故事会变得更加复杂。不过在

“因为我赚了钱，某个人最终会处于有点不利的地位”这一点上，则有相似之处。纵使我赚的钱是合理的，货币的总量也会因此而增加，商品和资产价格也会相应上涨。

经济学家特别喜欢“效率”这个概念。在市场会通过供需法则带来最佳结果的“市场主义”中，效率的概念相当深刻，不过经济学中所讲的效率实际上包含着两部分的内容。

第一种效率为帕累托效率。这是由原先是工程师，后来成为政治经济学教授的意大利人维弗雷多·帕累托提出的概念。说清楚帕累托效率的最简单的方式，就是举个例子。假设有一个由敏俊和淑妍两个人组成的国家。在那个国家里，共有10份有用的资源。如果敏俊和淑妍各拥有5份，这种情况就刚好合乎帕累托效率所要求的状态。针对这种状况作出的“有效率”的定义，也符合我们的常识。

但如果敏俊拥有3份，而淑妍拥有4份呢？这就不属于帕累托效率了，也即是低效率。因为整个国家共有10份资源，却有3份尚未被使用。目前为止，理解起来应该没什么太大的难度。

那下面这种情况呢？如果敏俊拥有8份资源，而淑妍拥有2份资源呢？尽管无从得知是否高效，但看起来并不公平。不过这种情况也属于帕累托效率，因为帕累托效率的定义就是要想使某个人变得更好，就必须使另一个人变得更糟糕才行。淑妍如果想让自己拥有的资源从2份变成3份，除了从敏俊拥有的8份资源中拿走1份，就没有其他方法了。同样地，敏俊如果想将自己拥有的资源从8份增加到9份，那么淑妍拥有的资源只能从2份降为1份了。

换句话讲，帕累托效率不关心如何分配的问题，其关注点只在于是否有未被分配的资源存在。如果有资源被剩下，那就是低效率；如果没有，则为高效率。针对效率的这种定义，实际上并不大令人满意，因为不管敏俊和淑妍的资源是5:5，还是8:2，都同样“有效率”。

经济学中所讲的第二种效率，则比不怎么

令人满意的帕累托效率更糟糕。提出这个概念的人是尼克拉斯·卡尔多和约翰·希克斯，因此这个概念就被命名为卡尔多—希克斯效率。根据两人的说法，哪怕一方变得更差，只要另一方变好的程度比变差的程度要好，就属于高效的状态。

举例说明：假设敏俊和淑妍分别拥有 8 份和 2 份资源。如果敏俊的资源能够变成 10 份，即使淑妍的资源减少为 1 份，也可以判定为充分满足了卡尔多—希克斯效率。虽然淑妍损失了 1 份资源，但敏俊多了 2 份资源，因此整个国家从整体上来看变得更好了。如果经济学中向往的效率是这样的，也难怪金融会遭到助长“富者越富，贫者越贫”的指责了，因为这意味着：如果富人最终能变得越发富有，即使穷人变得越发贫穷，也不存在什么问题。

读到这里，可能有人会认为普通人还是和金融保持一定距离为好。但我的想法则相反，为了不让这类事情发生，所有人更应该对金融感兴趣，更要时刻关注金融才是。

没钱就
不能生活吗？

到目前为止谈到的很多问题，其根源就是金钱本身。可能你会产生一种想法：与其面对种种问题，不如干脆把钱消灭岂不是更好？那是否有可能将金钱从这个世界上消灭呢？

第一章里提到过，金钱是由国家创造出来的。因此，要想消灭金钱，那国家就应该停止制造货币。但站在国家的立场上看，如果货币消失，不便之处不止一两点。最大的问题在于，国家如果消灭了货币，就很难征收税款。如果征不到税，国家就发挥不了作用。因此国家首先出面停止制造货币的可能性微乎其微。

尽管有着相当低的可能性，但即便国家放弃货币，这世界上的货币也不大可能消失，因为到了那个时候，贵金属等物品又会再次被当作货币来使用。如果完全没有能够辅助交易的货币这种工具，那么开展经济活动会相当地不方便。因此在这个世界上消灭货币，是一件可能性接近于零的事。另外，目前也没人知道有什么其他工具可以替代货币，起到货币的作用。

我最近总会把货币想象成水。没有水，喉咙会干，如果一直喝不到水，人最终会渴死，因此水是一种必需品。

但是反过来，水如果太多，也会成为问题。如果雨下太多，就会发洪水，房屋会被冲垮，桥梁会断掉，整个世界会大乱。同时，房间里水太多，一个人就将无法呼吸，最终窒息而死。因此水既不能太少，也不能太多，要合适才行。但这个“合适”太难了。

金钱也一样。如果缺少金钱，就难以拥有正常的生活；而如果拥有的金钱太多，就容易毁掉健康的人生。在突然中了彩票而有了一笔巨款的人中，听说很多人数年过后，生活得比中奖之前还要糟糕。他们要么醉生梦死在酒精之中，要么花光了所有奖金，最终沦落到孤身一人，这种案例实在太多了。

世界也是如此。流通的货币太少，经济活动会萎缩；流通的货币太多，则会将正常的经济活动变为多余之物。我们一般会让中央银行来管理货币的总量，但这并不完美。如果中央银行正常履行了这项职能，那么过去的时间里就不该存在这么多因为金钱而出现的问题。从问题反复出现这一点上看，得出“中央银行是无能的”或者“仅靠中央银行是解决不了这个问题的”这样的结论，显然是合理的。

从另一个角度上看，金钱和水也有共性。水太热，容易被烫伤；水太凉，会冻得打战。同理，金钱太热、太冷都不行。如果国家不积极管理货币，金钱容易变得“火热”，尤其是资产的价格会暴涨，最终所有人都会被这种热度“烫伤”。回顾历史，我们会发现，中央银行从未高效应对过资产价格暴涨这类情况。因此，一旦出现资产价格暴涨的迹象，不要心安理得地认为中央银行能够解决这种问题，积极寻找其他解决方式会更好。如果放任自流，整个社会就会变成赌场。

第二章里提到过国家发行国债的一个理由，就是将借来的钱用于马上要进行的战争等。现在我要跟大家讲一讲国家通过发行国债来借钱的第二个理由，这个理由就是制造货币本身。

国家发行国债，中央银行会首先购买。这样国家自己的存款账户上就有了一笔钱。国债规模有多大，货币就有多少。换句话说，如果国家不通过发行国债来欠下一笔债，就不会有流通在市场上的货币了。

这时又产生了另一个疑问。反正国家拥有发行货币的权力，不管是发行国债来造币，还是直接造币，都没什么不同，不是吗？（大家切不可误以为国家是因为中央银行才有了货币，前面也提到过，中央银行是因为国家有需要才成立的机构。）那么为什么一定要通过欠债的方式来解决问题呢？

银行有这样一种看法：如果国家直接造币，将会出现大问题。这就像失去了制动器的失控引擎，如果国家随意发行货币，将导致物价疯狂上涨，这相当可怕。这也相当于主张，造币的时候，只有让国家有所欠债，才可对货币的发行产生一定的管制。对要还的利息有所畏惧，才不会轻易借下大量的债，才不会轻易发行大量的货币。

不过银行其实另有所图。因为只有让国家欠债，银行才有钱赚。国家通过发行国债来造币和直接造币两者之间有一个显著的不同点，那就是前一种情况下，国家需要支付利息，而后一种情况下，国家不需要支付任何利息。站在国家的角度上看，后者投入的资金更少，而前者投入的资金更多。虽然说是国家的立场，但最终这些都要由国民支付的税款来承担。

反之，在银行看来，故事又变得不同了。如果国家直接造币，那么货币只会被用于促使实体经济正常发展，银行就会失去能收取的费用。但是一旦发行国债，银行就能够通过国债多少赚点利息。中央银行购买的债券又会被其他银行买走。使用金钱来赚钱的高利贷行业的原理，在这里也是通用的。

扎根于银行和自由市场主义的现代金融体系绝对算不上完美，但将其视为次优选择的人并不在少数。不过根据经济学理论，很难对此表示肯定。

根据理查德·利普西和凯尔文·兰开斯特两位经济学家的“次优理论”，某个东西并不会因为仅凭接近最优这个理由就自动成为次优。假定我们希望达到的目标分别为经济发展、财富积累和公平公正的社会，要想满足这3个方面必须具备5个条件。假设其中一个条件是“如果给他人造成损失，哪怕那是自己的东西，也要克制无节制的权利主张”。这与基督教的黄金律条“以你所希望的方式对待他人”和“换位思考”的道理是相通的，只不过在近来新自由主义式的金融资本主义里，这个

500
100
100
ONEY

条件是不被认同的。

如果失去了该条件，但满足了其他所有条件，就能称之为次优状态吗？根据利普西和兰开斯特的观点，显然不能。因为或许比起满足了其他所有条件却无法满足该条件来说，只满足了该条件而其他所有条件都无法得到满足的情况更好。令人遗憾的是，次优理论虽然是经济学中的一部分，却并不那么广为人知。

金钱和金融有什么积极的一面？

目前为止，本书涉及的金钱和金融故事，大部分是负面的。我主要介绍消极一面，是因为我觉得大家需要对那些方面提起注意。只有了解了金钱在哪些情况下会被误用，才能避开那些情况。实际上，在进行详细了解后，我们会发现金钱和金融中也存在积极的一面。

在讲到金钱和金融积极的一面之前，我想和大家一起思考一个问题，那就是："钱是人生的终极目标吗？"也许你们中会有人给出"确实如此"的回答。决定如何生活是个人的选择，不过有了很多钱的话，真的无论做什么都无所谓吗？

我并不这样认为。拥有很多钱的人中，既有通过欺骗或危害别人来赚钱的人，也有通过犯罪来积累财富的人；既有在孩子们喝的牛奶中放入奇怪的东西来赚钱的人，也有通过贩卖毒品来赚钱的人。如果这样做都无所谓的话，那这世上就没有可信之人了。所有人都将在不安中生活，这种世界算是地狱了吧。

金钱不能成为人生的终极目标。这世上有很多值得做的有价值之事，正是那些事成就了大家的人生。某些人想做的事情中，如果没有有价值的事，那么无论有多少钱，人生都会变得空虚。反过来，即便赚不到钱，但只要愿意付出一生实现的事情就是有价值之事，也能感受到充盈的幸福感。

这里我给大家举两个例子。第一个例子的主人公是威廉·亨利·盖茨三世。虽然我把名字写得很长，但其实就是微软公司的创始人比尔·盖茨。他从中学起就深深沉迷于电脑游戏，因此拥有非他人可比的编程实力。盖茨是一个通过操控学校的班级编制程序，从而使大量女生进入自己所在班级的捣乱分子。他在大学时，甚至为了创立微软而中途休学，与普通优等生相差甚远，他休学的那个大学还是大家都很羡慕的哈佛大学。

20 世纪 90 年代，微软公司一举成为全世界赚钱最多的公司，盖茨也就成了世界上最富有的人。如果这些内容就是全部，那这本书也不会特意提及盖茨的故事了。

出生于 1955 年的盖茨，于 2000 年从微软最高经营者的位置退了下来。按 2016 年的标准，盖茨的个人财产超过 80 万亿韩元。他所住的房子的售价超过了 1000 亿韩元，该房子要缴纳的税金也达到了 10 亿韩元。那盖茨用这么多钱在做什么呢?

2000 年，盖茨成立了“比尔及梅琳达·盖茨基金会”，梅琳达是盖茨的妻子。这之后，他将相当一部分财产移入了基金会。以 2014 年年末的标准计算，盖茨基金会里的资金超过了44万亿韩元，绝大部分是盖茨捐赠的钱。盖茨夫妇还说给自己的三个子女各留下100亿韩元左右的财产，剩下的将全部用于捐赠。

盖茨成立基金会的目的，是借由这个基金会过上第二种生活。他想把之前赚到的钱花在好的地方。盖茨基金会资助的慈善事业数不胜数，为低收入群体的助学事业投入了约1.6万亿韩元，为改善贫困地区教育环境投入了约2万亿韩元，为消灭疟疾运动投入了约1.5万亿韩元，为消灭结核病运动投入了约1万亿韩元，为消灭小儿麻痹运动投入了约4000亿韩元，等等。也多亏了这些资金，很多身陷困境的人都得到了帮助。

盖茨说自己没有持续运营这个基金会的想法，在自己和梅琳达死后的20年内，会将基金会剩下的资金全部花光。听到这里，我觉得他不单单是为了炫耀才成立这个基金会的。

再举一个例子。2016年12月出了一则新闻，讲的是一位30多岁的男子在不公开身份的情况下，来到居民中心捐赠了 5000 万韩元。那笔钱，最终转交给了非营利团体社会福祉共同募金会。当负责捐赠工作的员工询问他姓名和电话号码时，他只留下了“请把这笔钱用在孤寡老人和少年儿童家长身上”和“金达凤”这三个字作为名字就走了。负责接待的员工说道：“他捐赠了一笔不小的善款，却没有表现出一丝炫耀的神情，反倒是我有点惊慌失措。”金达凤这个名字自然也是假的。

在那之后，那名男子又两次去其他区厅，各捐了 5000 万韩元。当收到拍纪念照或留下联系方式的请求时，他只留下“想安静地进行捐赠”这句话就消失了。他捐赠的钱，已经给予了某些人莫大的帮助。

绝不是说要达到盖茨或无名男子那种程度，才能好好捐赠。金额并不重要，无论大钱小钱，都有其存在的意义。无论捐多少钱，每一份心意都分外珍贵。

金钱不是目标，金钱不过是一种手段。取决于使用者是谁、使用目的是什么，金钱既有可能成为解药，也有可能成为毒药。我强烈希望阅读这本书的大家能够成为把金钱当作解药的人。那本书内容就到此为止吧。

后记：写给父母们的话

我出版了多本关于金钱和金融的图书，其中包括为青少年朋友创作的金融小说。之所以会写金融小说，是因为不管我讲解得多简单，还是会时不时收到“金融很难”的反馈，因此我就想：“如果写成小说，会不会理解起来更容易些？”我有个朋友是知名经济图书出版社的代表，他曾对我说：“没有必要单独划分一类为青少年写的图书。”在那个朋友看来，我之前所做的一切尝试更像是无用功。

不过我的想法略微有点不同。如果所有人都穿着同样尺寸的衣服，会是怎样的一种情况？尽管这种事情不大可能出现，但如果真是如此，估计绝大部分人都会因为衣服太大或太紧而显得有些尴尬吧。书籍不也是一样的吗？正如戴上度数合适的眼镜才能看清一样，只有符合青少年认知水平并切合他们需求的图书，才能让他们读得更加津津有味，这是理所当然之事。

我希望青少年朋友在阅读这本书的时候，能够感到十分顺畅，我正是抱着这样的心态写完这本书的。不过请别因此认为写这本书的我也十分轻松。创作令人费解的图书好像难度更高，但事实却完全相反。如果某本书读起来非常艰深晦涩，那证明作者本人也没有完全弄懂自己所写的内容。

青少年朋友为什么应该阅读关于金钱和金融的图书呢？实际上，金融知识好像对考大学没什么特别大的帮助。高中阶段涉及的经济内容占比不过才 15%，涉及金融的唯一一个单元也相当简单，而且还是放在最后才提及，几乎不会在课堂上深入展开。另外，高考考生里选择经济的人数也很少。2018 年韩国高考的时候，选择经济科目的考生人数为 6675 名，这个数字在全体社会探究领域的考生里仅占到 2.2%。

不过金钱真的相当重要。爸爸妈妈常常会说“要好好学习”“一定要考上好的大学”之类的话，而一被问到为什么这么说，他们一般会回答：“为了能去好的公司。”那再问他们为什么要去好的公司，他们则会说：“因为这样能享受到经济上的余裕和稳定。”选择一份工作的时候，能拿到多少年薪总会出现在我们的考虑范围内。偶像、歌手或运动明星拥有的巨额收入，也是我们对这些职业怀有羡慕之情和好奇心的原因之一。

与金钱和金融相关的图书，毫无例外必定属于以下这两者中的一种。一类是介绍金融理论的书籍，另一类则是教大家赚钱之道的所谓理财书籍。从初高中的社会图书，再到大学的财务论教材，这些体制内的书籍属于前者。反之，自称是业界专家写的图书，则是后者的代表。有趣的是，这两种图书的作者互相看不起对方，分外蔑视对方的存在。

不过这两者又有一个共同点，那就是它们都把金融单纯视为赚钱的，而且是尽可能多赚钱的一种手段。学术界的财务理论从头到尾都是站在个人和金融公司如何赚更多钱的角度来展开叙述的，也就是说，这类书里只存在投资者的观点。而标榜“将富人的秘密告诉你”的理财书就更不用说了。在这些书里，金融不过就是“押注赚钱”或者“赛马赌注”。作为个体，如何管钱、如何赚钱当然是重要的问题。但如果单单局限于这样的视角，最终将陷入囚徒困境，落入零和博弈状态。

在这本书里，我尝试更好地把握这两者的平衡，给大家展现一个更宏观的视角。因此，在讲述投资和金融理论前，我先给大家讲了金钱的本质。如果缺少制度层面上的对如何创造和管理货币的宏观说明，那么对金融的理解最终只能停留在表面。

接着我给大家讲述了关于金钱管理和债务的内容。青少年朋友养成金钱方面的好习惯，十分重要。为此，要先对债务有一个彻底的理解。尤其是债务相关问题，不仅适用于个体，也同样适用于公司和国家。

第三章讲述的是金融市场相关内容。金融市场是开展投资和投机的地方。因此，至少需要掌握与金融市场相关的知识。第三章我带大家了解了实体经济和金融的关系。金融界总是讲金融是经济发展的原动力，实际上事实更接近与之相反的一面。如果实体经济能够稳定发展，那么金融会自动跟上。如果人为操纵金融，那么实体经济绝不可能往好的方向发展。在这一章里，我分别用足球和足球比赛来比喻金融，并举例进行了说明。不把金融看作金融本身，而是不管何时都把金融和实体经济捆绑在一起思考，将有助于青少年形成健康的世界观。

第四章既是一份总结，也是一个结尾。在这一章里，我试图指出与其把金钱当作一个目的，不如将它当成一种方法；也指出了金钱既存在积极的一面，又存在消极的一面。金钱作为一种手段该如何使用，是个体也是由个体组成的整个社会需要面对的一个问题。因此本章通过几个案例，试图呈现“既能成为解药，也能成为毒药”的金钱真面貌。

最后，我想借这个机会向创批出版社的李智映部长和金孝根编辑致以衷心的谢意。正是他们向我提议写一本能够帮助青少年朋友提高对金融的理解的图书，才有了这本书的诞生。他们还收集了金融门外汉比较好奇的问题并发给了我，因此我将这些疑问和与之对应的解答融合到了本书里。同时我也非常诚挚地感谢负责编辑工作的金善娥组长和李弦宣编辑。倘若书中有哪些错误或者不足之处，当全部由我自己负责。

权五相
2018 年 1 月
于自家书房